아직 긴 인생이 남았습니다

定年をどう生きるか

TEINEN WO DOU IKIRUKA
Copyright © 2019 Ichiro Kishimi
Korean translation copyright © 2022 The Korea Economic Daily &
Business Publications,Inc.
Original Japanese language edition published by SB Creative Corp.
Korean translation rights arranged with SB Creative Corp.,
through Danny Hong Agency.

미움받을 용기,
기시미 이치로의
정년 철학론

아직
긴 인생이
남았습니다

○ 기시미 이치로 지음 ○ 전경아 옮김

한국경제신문

행복한 인생 2막을 위해

환갑을 맞기 얼마 전부터 고등학교 동창회에 나가고 있다. 그동안은 자식 자랑이나 고민, 성인병을 부르는 복부 비만을 줄이는 법 등이 주요 화제였으나 최근엔 은퇴가 그 자리를 차지했다.

내 아버지는 55세에 정년퇴직을 했다. 막상 내가 그 나이가 됐을 땐 아버지가 이렇게 젊은 나이에 퇴직을 했구나 싶어 놀랐다. 아버지는 퇴직 후 10여 년을 더 일했지만 55세라는 나이를 인생의 터닝 포인트로서 강하게 의식했을 것이다.

만약 은퇴 후 삶에 행복한 노후가 기다리고 있다고 확신하고 아무런 불안도 느끼지 않는다면 은퇴가 이토록 화제에 오르진 않을 것이다. 누구나 언젠가는 일을 하지 못하게 된다. 그럼에도 희망을 가지려면 은퇴는 물론 인생에 관해 다시 생각해 볼 필요가 있다.

먼저 평균수명은 나와 아무 상관도 없다. 평균수명이란 내가 얼마나 더 살 수 있을지 가늠하는 대략적인 기준에 불과하다. 몇 살까지 살 수 있을지는 아무도 모른다. 실제로 내 친구 몇 명은 이미 오래전에 세상을 떠났다. 매년 열리는 동창회는 세상을 떠난 친구에 대한 묵념으로 시작된다.

요즘은 '100세 시대'라고들 한다. 그런 말을 듣다 보니 자연스레 자신도 오래 살 수 있다고 믿게 된 건 아닐까? 나는 50세 때 심근경색으로 쓰러진 적이 있다. 만약 그때 죽었다면 사람들은 내가 젊은 나이에 죽었다고 생각했을 것이다. 이처럼 젊어도 질병이나 사고로 목숨을 잃을 수 있다. 하지만 오래 살 가능성도 있으니 대비해야 한다. 그러지 않으면 오래 사는 것이 고

난이 될 수 있다.

대입에 실패해 1년간 재수 생활을 할 때였다. 소속이 없어진 나는 창문 너머로 학생들을 바라보며 땅이 꺼져라 한숨을 쉬었다. 공동체에 속하고자 하는 것은 인간의 기본 욕구라 해도 과언이 아니다. 하지만 학교와 직장만 공동체인 건 아니다. 스토어학파 철학자들은 우리가 '세계시민'으로서 세계, 나아가 우주에 속해 있다고 천명했다. 그러니 어디에도 소속돼 있지 않는 사람은 없다.

그럼에도 젊어서 재수할 때의 삶과 나이가 들어 은퇴하고 난 후의 삶은 다르다고 말하는 사람도 있을 것이다. 젊은 시절처럼 미래에 대한 희망도 없이 늙는다는 현실과 마주해야 하기 때문이다. 확실히 나이가 들면 젊을 때처럼은 할 수 없는 일이 늘어난다. 그래서인지 노년은 인생의 다른 단계보다 무가치하다고 여겨진다. 하지만 정말 그럴까?

이 책에서는 왜 우리가 은퇴 이후를 불안하게 느끼는지 고찰하고 인생 2막을 맞이하는 데 어떤 준비가 필요한지 생각해 보려 한다. 준비라고 하면 돈과 건강을 생각하는 사람이 많겠지만 필요한 건 그뿐만이 아니다. 인간은 왜 사는가, 어떻게 살아야 하는가까지 생각하지 않으면 안 된다. 따라서 플라톤, 마르쿠스 아우렐리우스(Marcus Aurelius), 미키 기요시(三木清) 같은 철학자들의 말을 들어볼 것이다. 그중에서도 심리학자이자 정신과 의사인 알프레드 아들러(Alfred Adler)의 사상을 참조할 생각이다. 그의 사상은 인간관계의 참모습에 관한 통찰을 주기 때문이다. 은퇴 후에는 인간관계 양상이 그 이전과 확연히 달라진다. 변화에 어떻게 대응하면 좋을지 아들러에게서 배울 점이 많다.

우리는 타인과 새로운 관계를 구축해야 한다. 그러려면 나 자신과 타인에 대해 갖고 있는 생각을 바꿔야 한다. 어떻게 바꿀지는 차차 살펴보겠지만 있는 그대로의 나로 살아도 괜찮다고 생각할 수 있다면 삶이 달라질 것이다.

이 책을 통해 어깨에 들어간 힘을 빼고 다가올 인생 2막을 희망차게 살아갈 수 있다면 정말 기쁘겠다.

아직 긴 인생이
남았습니다

차례

3장
일의 의미를 묻다

4장
새로운 관계를 위해

5장
행복한 존재가 되기 위해

6장
앞으로 어떻게 살 것인가

1장

정년은 왜 불안한가

문제는 돈과 건강만이 아니다

'1억 총활약 사회'(1억 명의 일본인이 전부 활약하는 사회 – 옮긴이). 일본 정부가 내세우고 있는 슬로건이다. 그 일환으로 정년을 65세에서 70세로 의무화하려는 움직임도 보이고 있다. 돈이 아니라 보람 때문에 계속 일하고 싶어 하는 이들에겐 반가운 소식이겠지만 그렇지 않은 이들에겐 미심쩍은 얘기일지 모른다. 이를테면 연금 재정 부담을 줄이려는 정부의 꼼수로 보이기도 한다.

한 회사에서 정년까지 일한 내 아버지는 먹고사는 데 지장이 없을 만큼 연금을 받았다. 하지만 요즘에는 누구나 충분한 연금을 받지는 못한다. 연금만으로는 어떻게 살아갈지 불안하고 그렇게 매일 생활비에 쪼들리는 상황에선 인생 2막을 어떻게 펼쳐갈지 생각하기가 힘들다. 걱정스러운 것은 나중이 아니라 지금이기 때문이다.

그럼 충분한 연금을 받으면 문제가 해결될까? 돈만 있으면 행복해질 거라 생각한다면 인생 2막은 불행해질 수밖에 없다. 돌이켜보면 젊은 시절에도 돈으로 모든 문제가 해결되진 않았다. 지금 자신이 불행한 이유가 돈 때문이라고 생각한다면 아들러의 말대로 '열등 콤플렉스'에 빠진 것이다. 열등 콤플렉스란 인생에서 마주하게 되는 문제를 건설적인 방법으로 해결하려 하지 않고 열등감을 내세워 자신을 속이는 것을 말한다. 열등 콤플렉스에 빠진 사람은 불행의 원인을 돈으로 돌리고 할 수 있는 일이 있어도 시도조차 하지 않는다. 물론 돈이 없는데 뭘 할 수 있냐고 묻는다면 쉽게 답할 수 없지만 그것이야말로 열등 콤플렉스의 함정이다.

핵심은 행복한 인생 2막을 여는 데 돈이 전부는 아니라는 점이다. 나의 아버지는 정년퇴직 후 혼자 살 때 수시로 내게 전화해 건강 불안을 호소했다. 어떤 병에 걸렸고 어떤 약을 처방받았으며 어떤 일로 의사와 다퉜는지, 대화의 중심은 온통 병과 병원에 관한 것이었다.

젊다면 병에 걸려도 빨리 회복할 수 있다. 주말에 입원해 심장혈관 카테터 수술을 받고 월요일에 바로 출근할 수 있다는 병원 광고를 보고 놀란 적이 있다. 수술만 잘되면 이전과 똑같이 일할 수 있다고 생각하는 사람이 있겠구나 싶어서였다. 그렇게 바로 직장에 복귀해 일하고 싶은 사람도 있겠지만 오랜 휴직이 불가능한 직장이라 어쩔 수 없이 복귀해야 하는 사람도 있을 것이다.

50세에 심근경색으로 쓰러졌을 당시 나는 강사로 출강하던 학교에 한 달 후 복귀할 수 있다고 알렸지만 바로 해고됐다. 학교 입장에서는 한 달이나 학교에 못 나오는 강사를 기다릴 수 없었을 것이다. 그러니 병을 숨기는 사람이 있다 해도 이상하지 않다. 어떤 작가는 출판사에 '인생 종 친 사람'으로 보이고 싶지 않아 암에 걸린 사실을 숨겼다고 한다.

나 역시 입원해 있을 때 출판사로부터 오랫동안 집필한 원고의 저자 교정지를 받았다. 입원 중이라고 솔직하게 말했다면 마감을 연장해 줬을 텐데 나는 일언반구 없이 마감 기한을 지키려 했다. 내가 병에 걸렸다고 출판사에서 다른 사람에게 같은 책을 써달라고 의뢰하진 않겠지만 병에 걸린 나는 그 정도로 마음이 약해져 있었다. 그때는 내가 병에 걸렸다고 솔직히 말하면 두 번 다시 그 출판사에서 의뢰가 오지 않을 거라고 생각했다.

당시 한 간호사가 "살았으니 그걸로 됐다며 마음 놓는 사람이 많은데 아직 젊으시니 다시 태어났다는 생각으로 열심히 사세요"라고 말했던 게 기억난다. 간호사 말이 맞다. 병이 나은 후에도 생활 습관이나 일하는 방식이 바뀌지 않으면 다시 같은 병에 걸릴 수 있다.

어쨌든 나이가 들수록 건강은 중요한 문제다. 물론

건강하다고 다 행복한 것도 아니고 반대로 건강하지 못하다고 행복하지 않은 것도 아니다. 내가 말하고 싶은 건 돈과 건강도 중요하지만 그것만이 전부는 아니라는 사실이다.

정년퇴직 후 급격히 늙는 이유

정년퇴직을 하면 부쩍 늙거나 병이 나는 사람이 적지 않다. 생활 리듬 변화가 그 원인 중 하나다. 매일 같은 시간에 일어나 출근하고 같은 시간에 식사하지 않아도 된다. 늦잠을 자도 타박하는 건 가족뿐이고 가족의 잔소리만 물리치면 마음대로 하루를 보낼 수 있다.

문제는 그렇게 할 수 없다는 거다. 가족의 잔소리를 무시하기란 쉽지 않다. 잔소리 대신 무언의 압력을 받기도 한다. 설령 잔소리가 없어도 아무 구속 없이 자유롭게 사는 인생을 받아들이지 못하는 사람도 적지 않다. 직장에서 일하던 노동시간보다 긴 여가 시간을 어떻게 보낼지 스스로 정하는 일을 자유가 아니라 마치 징벌처럼 느끼기도 한다.

인간관계도 달라진다. 일로 알던 사람 대부분을 잃었는데 이를 대신할 새로운 인간관계도 잘 맺지 못한다. 이웃과 마주치면 인사도 하고 대화도 나눠야 하는데 무슨 말을 어떻게 해야 할지 모르는 것이다.

아내와도 새로운 관계가 시작된다. "집에 있다 보니 아내가 날 자기 마음대로 휘두르려고 하는데 어쩌면 좋습니까?"라며 상담을 받으러 온 사람이 있었다. 아내도 당혹스럽기는 마찬가지일 것이다. 여태까지 살던 대로 살고 싶은데 그러기가 쉽지 않다. 외출 한번 하려고 하면 남편이 따라나서려 해 난처하고, 혼자일 때는 점심을 간단히 먹을 수 있었는데 이제는 남편 식성에 맞춰 상을 차려야 한다.

이처럼 낮에는 집에 없던 사람이 온종일 집에 있으면 아내 입장에서는 남편이 자신의 인생에 난입해 지금껏 누려온 자유를 침범하는 사람으로 느껴질 수 있다. 그래서 자기 인생을 살지 못하게 될까 봐 남편의 생활을 자신에게 맞추려고 하나하나 지시하는지도 모른다. 그러면 남편도 얌전히 아내 뜻을 따르기보다 반발하고 싶어지고 만다.

내 자리가 있다는 감각, 즉 소속감은 인간의 기본 욕구라 해도 과언이 아니다. 그런데 이 소속감을 어떻게 얻는지 모르는 사람이 많은 듯하다. 미움을 사면서까지 집에서 자기 자리를 찾으려고 하면 오히려 점점 더 불편한 존재가 돼 밀려난다. 이 문제는 뒤에서 자세히 다룰 것이다.

인간관계 변화에 더해 퇴직 후 병이 나는 가장 큰 이유는 이제 자신은 살 가치가 없다고 생각하는 것이다. 직책의 높고 낮음을 인간의 높고 낮음으로 간주하는 사회에서는 직장이 사라지면 나의 존재 가치도 사라진다고 생각하기 쉽다.

그래서 오랜 직장 생활을 하다 퇴직하면 순식간에 늙는다. 편안한 노후를 보내려고 후배들에게 일을 양보했지만 막상 할 일이 없어지니 자신이 필요 없는 존재처럼 느껴진다. 일하던 때와 달리 긴장감이 사라지고 매일 아무것도 하지 않는 생활이 죄스럽기까지 할 때도 있다. 평생 열심히 일했던 사람일수록 아무것도 안 해도 된다는 현실을 받아들이지 못한다. 하지만 아무것도 안 한다는 말은 돈을 버는 일을 안 한다는 뜻일 뿐이다. 아무것도 하지 않는 삶을 어떻게 생각하면 좋을지 앞으로 살펴보기로 하자.

나이 듦에 대하여

내 부모 세대는 평균수명이 길지 않아 55세에 은퇴를 하고 난 뒤 오래 사는 사람이 많지 않았다. 하지만 이제는 정년 후에도 긴 인생이 기다리고 있다. 인생 2막이 시작되는 것이다. 건강도 비교적 양호해 자신이 늙었다고 생각하지도 않는다. 그런데 이렇게 건강을 과신하면 못하는 걸 못한다고 자각하지 못하는 문제가 생긴다.

자동차 운전이 대표적이다. 운전 실력이 젊을 때 같지 않다고 자각하는 사람은 신중하게 운전한다. 반면 주의력이라든지 순발력 같은 것이 예전 같지 않은데도 여전히 젊은 사람 못지않다고 생각하는 사람은 위험하다. 가족들은 하루라도 빨리 그가 면허를 반납하길 바라지만 말을 듣지 않는다. 노쇠했다는 사실을 인정하고 싶지 않기 때문이다. 그러다 사고라도 일으킬 뻔하고 자신의 실력이 녹슬었음을 느끼면 남은 인생이 초라해져서 전처럼 의욕적으로 살지 못한다.

노년은 청춘에 비해 무가치하다는 생각이 문제다. 무슨 일이든 예전만큼 척척 해내지 못한다고 내리막길 인생이라며 낙담할 게 아니라 뭘 할 수 있고 할 수 없는지 신중하게 따져봐야 한다. 설령 내리막길이라 해도 부정적으로 볼 필요는 없다. 더는 힘들게 오르막길을 오르지 않아도 되고 앞으로는 페달에서 발을 뗀 채 비탈길을 내려온다고 생각하면 얼마나 편한가. 그러나 힘들게 오르막길을 오르는 것이야말로 사는 보람이라고 생각한다면 은퇴 후 삶이 고통스럽게 느껴질지 모른다.

어쨌든 인생 2막은 갑자기 시작되지 않는다. 모발이

가늘어지고 빠진다고 해서 바로 대머리가 되진 않듯이 정년을 맞은 날부터 갑자기 아무것도 못하게 되진 않는다. 뭔가를 못하게 됐다 해도 은퇴 때문은 아니다. 또 일선에서 물러났다고 내 가치가 떨어지지도 않는다. 흔히 노년은 사계절 중 겨울에 비유된다. 무성했던 가지가 앙상해지고 생동하던 것들이 잠을 청하는 이미지가 겨울을 대표하긴 하지만 그렇다고 겨울이 다른 계절에 비해 뒤떨어지는 건 아니다. 겨울은 겨울만의 장점이 있다. 지난 계절 맺은 결실을 누릴 수 있고 기나긴 밤 차분히 나 자신을 성찰하며 있는 그대로의 나를 받아들일 수 있는 시간이기도 하다. 다른 계절의 장점과는 비교할 수 없다.

젊을 때보다 할 수 없는 일이 많아졌다 해도 주어진 것을 최대한 활용하면 된다. 젊은 시절보다 열등해지고 약해진 게 아니라 젊은 시절과는 다른 형태로 능력을 발휘할 수 있는 것이다. 나이가 들면 기억력이 떨어질 수 있다. 하지만 그렇게 많은 걸 잊어버리지도 않거니와 기억하는 게 많다고 해서 다 똑똑한 것도 아니다.

또 나이가 든다고 저절로 현명해지는 것도 아니다. 책을 읽지 않는 사람은 시간이 남아돌아도 책을 읽지 않는다.

문제는 나이 때문에 할 수 없다는 생각이다. 젊을 때처럼 기억력이 좋지 않다거나 젊을 때처럼 열심히 할 수 없다며 새로운 일에 도전하지 않는 게 문제다. 하지만 아무리 젊은 사람이라도 노력하지 않으면 아무것도 이뤄내지 못한다.

노력하지 않는 이유는 두렵기 때문이다. 도전하지 않으면 실패하지도 않기 때문이다. 나이 들어 도전을 기피하는 사람은 젊은 시절에도 마찬가지였을 것이다. 결코 나이 문제가 아니다.

고민의 근원, 인간관계

아들러는 "모든 고민은 인간관계에서 비롯된다"라고
했다. 인간관계는 번거롭고 복잡해서 누군가와 관계를
맺으면 반드시 마찰이 생기기 때문이다. 미움받거나
따돌림 대상이 되거나 배신당하거나 상처 입는다. 그
로 인해 인간관계 맺기를 두려워하며 등교를 거부하는
학생이나 일은 재밌는데 사람들과 잘 지내지 못해 출
근하고 싶지 않다는 직장인이 적지 않다.

우울증의 원인에도 대개는 인간관계가 얽혀 있다.
경험상 남성이 우울증으로 상담을 받으러 오는 경우는

드물다. 유독 남성 중 '왜 내가 너 따위의 말을 들어야 하느냐'고 생각하는 사람이 많은지도 모르겠다. 이들은 약점을 드러내길 싫어해서 한계에 이를 때까지 참는다. 그러다 점점 더 견디기 힘들어지면 어느 날 회사에 전화를 걸어 "아침에 일어났더니 몸이 움직이지 않아요"라고 말한다. 의사를 찾아가 진찰을 받으면 우울증이라는 진단이 나온다. 일찌감치 상담을 받거나 정신과 진료를 받았다면, 마음의 이상을 누군가에게 호소했다면 우울증에 걸리는 일은 피할 수 있었을지 모른다.

우울증 진단을 받고 휴직한 이들은 거의 집 밖으로 나오려 하지 않는다. 집에 틀어박히는 건 바깥 세계가 두렵기 때문이 아니다. 나는 우울증으로 휴직한 회사원, 등교를 거부하는 학생, 은둔형 외톨이인 젊은이를 대상으로 상담을 해왔다. 그들이 바깥에 나가지 않는 이유는 집에 있으면 가족의 관심과 보호를 받으며 살 수 있기 때문이다.

가족들이 "빨리 출근해", "어서 학교 가"라고 다그

치면 이들은 가족의 주목을 받을 수 있다. 그것이야말로 이들이 집에 틀어박히는 진짜 목적이다. 학교에 돌아가면 그들이 두려워하는 일이 벌어진다. 즉, 아무에게도 주목받지 못한다. 회사도 마찬가지다.

물론 학교에 가고 싶다고, 일하고 싶다고 말하는 사람도 있다. 그래서 학교와 회사에 가면 되지 않느냐고 하면 그들은 병에 걸려서 갈 수 없다고 대답한다. 아들러가 말하는 열등 콤플렉스는 'A라서(혹은 A가 아니라서) B를 할 수 없다'는 논리를 일상생활에 갖다 붙이는 것이다. 회사에 가고 싶지만 우울증에 걸려서 가지 못한다는 사람에게 누가 회사에 가라고 할 수 있을까.

물론 너무나 열악한 노동환경에서 억지로 일하다가 우울증에 걸리기도 한다. 누군가 일하러 가고 싶지 않을 때 어떻게 하면 좋으냐고 묻는다면 나는 병에 걸리기 전에 무조건 쉬라고 말할 것이다. 그 전에 할 수 있는 일은 회사에 노동 조건을 개선해 달라고 요구하는 것이다. 그런 일은 혼자서는 할 수 없다. 함께 나서줄 동료가 필요하다.

현실적으로 어려울 수 있겠지만 당장 회사를 그만두는 것도 선택지에 넣어둬야 한다. 인간은 일하기 위해 사는 것이 아니기 때문이다. 한 회사에 마냥 기대서도 안 된다. 일이 힘들고 버겁게 느껴질 때 도망칠 곳이 있다고 생각할 수 있는 게 중요하다. 회사를 그만둘수 없는 곳이라고 생각하는 사람은 이미 블랙 기업의 논리에 빠진 것이다.

나도 젊은 시절에는 근무하던 병원을 그만두지 못해 괴로워했다. 겨우 상근으로 일하게 된 터라 당장 그만둬서는 안 된다고 생각했고 결국 병에 걸리고 말았다. 정밀 검사까지 받았으나 원인 불명이라는 진단이 나왔다. 그 병원에서 나는 상담가로 일했는데 나를 진단한 의사는 당신은 상담을 해줄 게 아니라 받아야 한다고 말했다.

그러나 병명을 알지 못해 퇴직할 이유를 찾지 못했고 그래서 병원을 그만두지 못한 나는 이어 전치 3주의 부상을 입었다. 그쯤 되고 나니 겨우 퇴직할 결심이 섰으나 돌이켜 보면 나는 병에 걸릴 필요도, 어딘가 다칠 필요도 없었다. 그저 그만두겠다고 말하면 되는 일이었다. 내가 일하는 곳이니 일을 계속할지 말지는 내가 결정하면 되는데 병에 걸리거나 다치거나 해서 그만둬야 할 명분을 지어낸 이유는 스스로 결정하는 걸 피하고 싶었기 때문이다.

내 아버지가 일하던 곳은 가족 같은 분위기의 회사였다. 1월 1일에도 출근해 새해 인사를 했고 가족 단위로 참가하는 운동회도 있었다. 회사는 직원들을 지켜줬다. 지켜준다는 표현이 적절한진 모르겠지만 프리랜서로 일해보면 알게 된다. 회사라는 소속이 없어지면 스스로 많은 일을 해야 한다. 소득세 신고도 직접 해야 하고 건강검진도 내가 병원을 알아보고 가서 받아야 한다.

은퇴를 하면 회사는 아무것도 해주지 않는다. 하지만 정말로 두려운 건 누구에게도 주목받지 못한다는 점이다. 집에 틀어박혀 지내는 이들도 주목받지 못할까 봐 겁이 나서 자신에게 특별한 관심을 쏟아주고 지켜주는 가정, 그 바깥으로는 나가려 하지 않는다.

은퇴한 사람은 이제 이름이 불리지도 않는다. 직위로 불리지도, 선생님이라고 불리지도 않는다. 은퇴 전에는 이런 일을 상상하기 힘들다. 하지만 일하다 병에 걸려 입원하면 직책과는 상관없이 그저 환자로 살게 되는데 이를 통해 은퇴 후 삶이 어떨지 생각해 보게 되기도 한다.

소속이 없어지고 한 명의 인간이 됐다고, 즉 가면을 벗고 살게 됐다고 두려워할 필요는 없다. 지금까지와는 전혀 다른 삶을 살 수 있는 기회기 때문이다. 단, 그러기 위해서는 오랜 세월 고수해 온 자신의 가치관이 옳지 않을 수 있다는 사실을 먼저 깨달아야 한다. 이에 관해서는 차차 생각해 보자.

우리 관계는 왜 늘 수직적일까

나는 오랫동안 오스트리아 심리학자이자 정신과 의사인 아들러에 관해 연구해 왔는데 그의 사상이 시대를 훨씬 앞섰다는 데 늘 놀란다(아들러는 1870년에 태어나 1937년 사망했다 - 옮긴이). 특히 아들러가 모든 인간관계는 동등하다고 봤다는 점이 그렇다. 오늘날에는 당연하게 여겨지는 일이지만 진정한 의미에서의 동등한 관계는 아직 실현되지 않았다.

남녀 관계만 보더라도 갈 길이 멀다. 최근 일본의 한 의과대학에서 남학생이 더 쉽게 합격할 수 있도록 입시 결과를 조작하는 사건이 일어났다. 그것만으로도 기가 막힌데 "안타깝지만 그게 현실"이라며 부끄러운 기색도 없이 말하는 의사가 있어 더욱 놀랐다. 우수한 여성과 정당하게 경쟁하면 패배할지 모른다는 위기감을 느낀 남성의 열등감 표출이라고 밖에는 설명할 길이 없다. 입시 점수를 성별에 따라 차별하는 문제가 발생했는데도 "이게 현실이야"라고 수긍해 버리면 안 된다. 이런 상태에서는 한 발짝도 나아가지 못한다. 이대로는 안 된다고 생각해야 그 현실을 바꿀 수 있다.

회사도 마찬가지다. 직위에 따라 철저한 상하 관계가 형성된다. 승진했으니 말투를 바꿔야 할지, 부하 직원을 엄하게 대해야 할지 어떨지 모르겠다며 상담하러 오는 사람도 있다. 앞으로는 아랫사람을 대할 때 위엄 있는 말투를 써야 하느냐고 곤혹스러워하는 사람에게 나는 여태까지와 똑같이 하면 된다고 조언했다.

이런 생각을 하는 사람이 다니는 직장에는 좋은 상사의 모범이 될 만한 사람이 없었을 것이다. 엄격한 상하 관계밖에 보지 못한 사람은 임원으로 승진하면 부하 직원을 대할 때 말투는 물론 태도까지 변한다. 수직적 관계밖에 아는 게 없어서 그걸 당연하게 여긴다. 누군가를 처음 만날 때도 학력과 직함을 묻는다. 자신과 상대 중 어느 쪽이 높고 낮은지 분명하게 따지고 싶은 것이다.

지금도 많은 사람이 아이가 어른보다 아래라고 생각한다. 아이와 어른이 동등하다고 본다면 아이를 무조건 야단치는 짓은 하지 않을 것이다. 자녀의 인생은 부모가 정할 수도 없을뿐더러 부모가 대신 살아줄 수도 없다. 어떤 인생을 사느냐는 부모의 과제가 아니라 자녀의 과제다. 대학에 진학할지 취업을 할지, 일을 한다면 어떤 직업을 가질지, 결혼을 할지 안 할지와 같은 인생 길목에서의 선택은 아이 자신만 할 수 있고 그 선택의 결과도 오롯이 아이 몫이다.

물론 자녀 인생에 관해 부모의 생각을 말할 수는 있다. 하지만 그때도 자녀의 과제에 함부로 끼어들어서는 안 된다. 틀렸다고 윽박지르거나 아이 생각을 바꾸려고 해서도 안 된다. 아이는 지식과 경험이 부족하니 잘못된 선택을 할 수도 있다. 하지만 나중에 자신의 선택이 틀렸음을 깨닫거나 자신이 진정으로 하고 싶은 일이 뭔지 알았을 때 부모의 말이 맞는 말이었다 해도, 아니 맞는 말이라서 부모에게 반발한다. 그리고 부모는 "거봐라, 내 말이 맞았지"라며 불난 집에 부채질을 한다. 하지만 부모에게 반발하기 위해 부모 말이 옳고 자신이 틀렸음을 깨달았는데도 진로를 바꾸지 않는다면 아이에게 얼마나 불행한 일인가. 부모는 아이가 내린 결정을 언제든 바꿀 수 있는 환경을 만들어 줘야 한다. 결코 아이를 몰아붙여선 안 된다.

부모 자신도 같은 경험을 했을지 모른다. 그렇다면 자신이 부모에게 듣기 싫었던 말을 아이에게 하지 않으면 된다. 부모와 자녀 사이라도 당연히 의견 차이가 있을 수 있다. 부모가 자녀를 동등한 상대로 여긴다면 그럴 때 아이를 야단치는 대신 끝까지 말로 설득하려고 할 것이다. 아이라고 부모 생각을 꼭 받아들여야 하는 건 아니다.

아이가 대학에 가지 않겠다거나 중학교를 졸업하면

취업하겠다며 부모의 이해를 벗어난 말을 할 때 선심 쓰듯이 "너 하고 싶은 대로 해, 네 인생이니까. 단, 스스로 돈을 벌어서 해"라며 사실상 허락하지 않는 부모도 있다. 부모가 원하는 길을 가지 않는다고 아이에 대한 경제적 지원을 끊어도 되는 건 아니다.

이런 말을 하는 부모는 가족을 부양하는 자신이 아이보다 우월하다고 생각한다. 하지만 아이를 먹여살린다고 부모가 우월한 것은 아니며 아이도 부모에게 학비를 받는다고 부모 생각에 순순히 따라야 하는 건 아니다. 돈을 벌지 못하기 때문에 아이가 부모에게 순종해야 한다는 건 이상하다. 아이들은 일을 하고 싶어도 할 수 없기 때문이다. 돈을 못 번다는 이유로 아이를 아래로 보면 안 된다. 아이와 어른은 동등하다. 아이도 필요하다면 끈기 있게 어른을 설득할 수 있고 설득해야 한다.

문제는 가정에서 경제적 우위에 있다는 이유로 자신이 우월하다고 생각하던 사람이 퇴직하고 나서 생긴다. 퇴직으로 수입이 없어지거나 크게 줄면서 직장에서는 통하던(통한다고 생각하던) 상하 관계가 더는 통용되지 않는다는 걸 깨달으면 자신의 존재 이유가 사라졌다고 생각한다.

그러다 보니 일선에서 물러나면 급격하게 늙는 것이다. 어떤 의미에서 기가 센 사람은 문제가 없지만(주변 사람은 괴로울지 몰라도) 삶에서 회사 생활이 중요했던 사람은 특히 주의해야 한다. 그런 사람이 가족에게 "스스로 돈을 벌어서 한다면 좋아하는 일을 해도 돼" 같은 말을 듣는다면 화가 날 것이다. 그래도 그 순간 자신이 가족에게 했던 말의 부조리함을 깨달을 수 있는 사람이라면 가정에서 자신의 자리를 찾을 수 있을 것이다.

그러니 지금이라도 인간관계를 상하로 보는 시각이 틀렸음을 인정해야 한다. 그러기 위해서는 수직적이지 않은 인간관계가 어떤 건지 알아야 한다. 그런데 수평적 관계를 모르는 사람은 관계를 변화시키라는 말에 저항하거나 불안을 느낀다. 기득권을 빼앗기는 기분이 들기 때문이다.

자신을 가치 있는 존재로 여기는 이유 중 하나가 가정에서의 경제적 우위였다면 여태까지와는 다른 곳에서 자신의 가치를 찾지 않으면 안 된다. 그게 대체 뭘지 이 책을 읽으며 하나씩 발견해 보자.

특별하지 않은 존재가 되는 두려움

젊은 시절부터 선생님으로 불리는 교사 중에는 '선생'이란 호칭이 학교에서의 역할에 붙은 이름에 불과한데도 실제로 자신이 잘나서 존경받는다고 착각하는 사람이 있다. 회사 직함도 마찬가지다. 회사 안에서의 직함이 회사 밖에서도 통한다고 착각한다.

요즘 기업에서 강연할 기회가 늘면서 명함을 교환할 일이 많아졌는데 근무처나 직책이 쓰여 있지 않은 명함을 받은 적이 한 번도 없다. 그런데 내 명함에는 이름과 연락처만 적혀 있어 받는 사람들이 의아해한다.

상담은 내담자의 이름을 묻는 것으로 시작된다. 그런데 젊은 사람 중에도 이름을 말한 후 꼭 근무하는 회사를 덧붙이는 사람이 있다. 나는 꽤 놀랐지만 이들에게는 오히려 이름만 밝히는 쪽이 특이한 경우이리라.

처음 만나는 사람을 파악할 때 소속된 곳만큼이나 좋은 정보는 없을 것이다. 책을 살 때 저자 프로필을 먼저 보는 것처럼 말이다. 내가 처음 번역서를 낼 때 당신은 무명이라 공역자가 있어야 한다고 강하게 주장하던 편집자가 떠오른다. 첫 책을 낼 때도 직함이 있어야 한다고 해서 그 무렵 출강하던 대학 이름을 들어 'ㅇㅇ대학 강사'를 제안했다가 보기 좋게 퇴짜 맞았다. 그래서 '철학자'는 어떠냐고 제안해 봤더니 뜻밖에도 통했고 이후 내 직함은 철학자가 됐다.

내담자 중에는 이력서를 읊듯이 자기소개를 하는 사람도 있다. 내가 알고 싶은 건 학력과 경력이 아니라 무엇에 관심이 있고 어떤 책을 읽으며 무슨 음악을 듣는지 같은 건데 말이다.

이렇게 자기 직책을 말하는 데 익숙한 사람은 은퇴

후 자신이 '아저씨'로만 보이는 걸 좀처럼 받아들이지 못한다. 반면 여성은 은퇴를 받아들이는 모습이 남성과는 사뭇 다르다. 평생 일을 한 여성이라도 가사·육아를 동시에 해왔기 때문에 이웃이나 친척과 교류가 활발하다. 그래서 은퇴한 후에도 직장에서의 인간관계만 사라질 뿐 그 외에는 일하던 시절과 별반 다르지 않다. 게다가 여성은 장성해 독립했어도 집안 대소사에서 손을 떼지 않는다. 즉, 은퇴했다고 삶이 극적으로 변하지 않는다.

하지만 남성은 이전의 세계가 사라지고 사회적 지위도 의미 없어져 심리적으로 사망 선고를 받은 것처럼 느낀다. 물론 모든 남성이 그렇지는 않다. 젊은 시절부터 가사와 육아를 하고 이웃과 자주 교류해 온 사람이라면 은퇴 후에도 큰 변화를 느끼지 않을 것이다.

2장

인생 2막을 위해 무엇을 준비해야 할까

은퇴 준비는 미래가 아니라
지금을 위한 것

불안의 정체가 분명해지면 지금부터 무엇을 해야 되는지 알 수 있다. 은퇴 준비란 지금 생각하지 않아도 되는 걸 생각하지 않는 것, 지금 생각하지 않으면 안 되는 것만 생각하는 것이다. 이는 인생을 어떻게 바라보느냐와 관련된 것이라 오랫동안 익숙했던 자신의 가치관을 바꿔야 할 수도 있다. 그러려면 용기가 필요하다. 전과 다른 생각을 하고 전과 다른 삶의 방식을 선택할 때 우리는 불안해지기 때문이다. 지금까지의 생각과 삶의 방식이 부자유스럽고 불편한 것임을 알아도 익숙한 걸 고집하려 한다.

우리는 '지금 여기'를 살고 있다. 미래는 아직 오지 않은 게 아니라 없는 것이다. 일어날 일은 일어나겠지만 일어나지 않을 일은 일어나지 않는다. 내 힘으로 할 수 있는 일이 있다면 할 수 없는 일도 있다. 그러니 대개는 할 수 없는 일을 지금부터 생각하지 않아도 된다.

따라서 은퇴 준비란 미래를 향한 게 아니라 지금을 위한 것이다. 불안은 미래에 관한 감정이라 미래를 놓으면 불안에서 벗어날 수 있다. 은퇴 후 벌어질 일은 미래에 관한 것이다. 할 수 있는 일은 미래가 아니라 지금에 있다. 혹은 이렇게 말할 수도 있다. 지금 바꿀 수 없는 것이라면 미래에도 바꿀 수 없다.

미래는 물론 과거 역시 지금 할 수 있는 일을 하는 데 방해가 된다. 지금 변화할 거라면 과거는 놓아줘야 한다. 수십 년을 고수한 가치관도 지금 이 순간 놓아버릴 수 있어야 한다. 단, 이때도 용기가 필요하다.

그럼 뭘 바꿀 수 있을까? 바로 인간관계와 자신의 존재 가치에 대한 관점이다. 이건 은퇴 이후를 위해 지금 할 수 있는 준비다.

먼저 인간의 가치를 생산성으로 따지지 않아야 한다. 살아가는 것 자체가 가치 있음을 알아야 한다. 생산적인 일을 하고 뭔가 성취해야만 가치 있는 삶이라는 생각을 바꾸지 않는다면 나이가 들면서 할 수 없는 일이 많아지는 상황을 받아들이지 못한다.

또 하나, 인간관계를 수평적으로 바꿔야 한다. 그런데 수평적 관계가 뭔지 이해하지 못하는 사람은 지금 자신이 맺고 있는 관계가 수직적이라는 사실조차 알지 못한다. 지금부터라도 동등한 관계가 뭔지 안다면 인생 2막이 수월하게 펼쳐질 것이다.

은퇴 전에 이런 준비를 하면 좋지만 이미 은퇴했어도 가능하다. 정년을 눈앞에 두고 있다면 지금부터라도 연습해 보자. 오랫동안 고수해 온 방식을 바꾸기가 쉽지 않은 이유는 그렇게 했을 때 무슨 일이 생길지 불안하기 때문이고 새로운 생각이 사회 통념에 반한다는 데 거부감을 느끼기 때문이다. 하지만 새로운 생각으로 세상을 보면 삶이 달라진다. 필요한 건 첫발을 내디딜 용기다.

회사원에게 정년이란

조직에 오래 소속돼 있던 사람은 퇴직으로 소속이 사라지는 데 불안을 느낀다. 직장 생활을 할 때는 아침에 일어나 오늘은 어디에 갈지 혹은 가지 않을지 망설일 필요가 없다. 특별한 사정이 없는 한 회사에 가지 않는다는 선택지는 없다.

그런데 등교를 거부하는 아이의 부모에게 내가 하는 말이 있다. 아무 의문 없이 자동으로 몸이 학교로 향하는 아이보다 지금은 학교에 가지 않는 아이가 공부와 삶의 의미를 더 깊이 생각한다고.

어른도 마찬가지다. 대부분 내가 뭘 위해 일하는지, 왜 이곳에서 일하는지 깊이 생각하지 않는다. 그러다가 퇴직을 하면 갑자기 허허벌판에 내던져진 듯한 느낌을 받을 수밖에 없다. 하루 24시간을 어떻게 보내야 할지 매일 스스로 결정해야 한다는 사실에 고통스러워하기도 한다. 게다가 일을 좋아하든 싫어하든 직장에 가면 동료들이 있었지만 퇴직 후엔 하루 대부분을 함께하던 사람들이 없으니 고독을 느낀다.

이제 나는 집에서 혼자 원고를 쓴다. 일하라고 잔소리하는 사람도, 쉬엄쉬엄 하라고 말해주는 사람도 없다. 생각해 보면 정신과 의원에 근무할 때는 격무에 시달려도 동지애를 갖고 함께 일할 수 있는 동료와 상사가 있었다. 게다가 업무를 보지 않거나 상담 사이사이에 잠시 쉴 때 지금 내가 일하지 않고 있다고 생각한 적은 없었다.

하지만 혼자 일하게 되자 원고도 쓰지 않고 책도 읽지 않고 있으면 시간을 너무 나태하게 보내는 건 아닌지 생각하게 된다. 원고를 쓸 때는 온종일 글만 쓰는 게 아니라 참고가 될 만한 책을 읽기도 하고 글의 전개나 문장에 관해 생각하기도 하는데, 아무것도 안 하는 듯 보여도 마음은 일하고 있다. 하지만 그 모습을 직장상사가 본다면 아마도 일은 안 하고 놀고 있다고 생각할 것이다.

아무것도 안 하는 것도 때로는 일임을 스스로 받아들여야 한다. 그래야 일이 된다. 함께 일할 때는 그렇게 신경 쓰이지 않을 상황도 혼자 있을 때는 아무것도 안 하는 시간이 길어지면 안 된다고 압박을 느끼기 쉽다. 뭔가를 하지 않으면 나태하다고 느끼는 사람은 일단 뭔가를 해야 한다는 생각에서 벗어나야 인간의 가치를 생산성으로 보는 습성이 없어진다.

또 하나, 시키는 대로 일하는 데 익숙해진 사람이 있다. 이런 사람은 아무것도 하지 않는 것보단 뭘 해야 할지 모르겠다는 데 더 압박을 느낀다. 퇴직 후 자기 일을 스스로 정하기 힘든 사람이라면 직장에 다닐 때도 지시에 따라 일하면서 의문을 갖지 않았던 사람일 것이다. 자기 뜻대로 일하지 않은 건 일의 가치를 찾지 못했기 때문일 수도 있다.

내가 직장을 그만두겠다고 결심한 이유 중 하나는 내담자의 상담을 중단하라는 지시를 받았기 때문이다. 상담가가 상담을 지속할지 여부를 스스로 정하지 못하는 직장에서는 계속 일할 수 없다고 생각했다.

어떤 일이든 재량권이 없다면 의욕을 잃게 된다. 오랫동안 교직에 몸담았던 사람이 말하기를 교실에서 학생을 가르칠 때만큼은 윗사람을 잊고 자유롭게 가르칠 수 있어서 좋았다고 한다.

사실 스스로 어떻게 시간을 보낼지 정할 수 있는 것만큼 기쁜 일은 없다. 꼭 돈을 벌거나 보람을 얻으려는 목적으로 하는 일이 아니어도 된다. 먼저 자신의 관심사를 찾기 위해 과거의 나는 뭘 좋아했는지, 회사에 가지 않아도 된다면 뭘 하고 싶었는지 생각해 보자. 그런 게 없다면 이전에는 한 번도 해보지 않았던 새로운 일을 해보는 것도 좋다. 설령 아무것도 하고 싶은 일이 없다 해도 괜찮다. 앞에서 강조했듯 아무것도 안 하는 것도 때로는 일이다.

돈 버는 일 외에도 삶의 보람이 있다

은퇴하고 고독을 느끼는 이유 중 하나는 인생에서 일이 전부였기 때문이다. 물론 일은 삶의 큰 보람이다. 하지만 일만이 사는 보람이어서는 안 된다. 그러면 직장을 그만뒀을 때 사는 보람이 사라지기 때문이다.

인간관계 역시 직장에서의 동료 관계 외에 가족, 친구, 이웃과의 관계도 있다. 아들러의 표현을 빌리면 이런 '인생의 조화'를 이루지 못할 때 일중독자와 같은 삶을 살게 되고 직장 일을 다른 일에 참여하지 못하는 구실로 삼는다. 그러다 퇴직하면 자신이 있을 자리가 사라져 스스로를 무가치하다고 여기게 된다. 그래서 많은 사람이 정년 후에도 고용 형태를 달리해 같은 직장에서 계속 일하거나 다른 일거리를 찾는다.

아무런 노력도 할 필요 없는 편한 일이란 없을 테지만 어쨌거나 노력을 했기에 성취감을 느낄 수 있고 그때의 노력은 기쁨이 된다. 일이 사는 보람이라면 아무리 오랫동안 일해도 고통으로 느끼기는커녕 일을 한다는 생각조차 하지 않을 수 있다. 하지만 일이 가장 큰 기쁨이며 보람이라 해도 그것이 다른 일에 소홀할 이유는 되지 못한다.

반대로 일이 고통일 뿐인 사람은 일에서 보람을 느낄 방법을 궁리하거나 다른 분야에서 보람을 찾아야 한다. 그러지 않으면 삶은 하루하루가 고통일 것이다.

일이 삶의 전부라는 식으로만 살지 않는다면 혹은 어떤 일에서든 기쁨을 발견할 수 있다면 은퇴 후 생활은 달라져도 살아가는 자세는 크게 달라지지 않는다.

부업인가 복업인가

사내 규정상 부업이 금지된 곳도 있지만 부업을 용인하는 기업도 있다. 부업을 하는 경우 본업과 똑같이, 때로는 그 이상의 시간과 열정을 쏟아붓는 사람이 적지 않다. 이때는 부업이라기보다 복업(複業)이라 할 수 있다. 둘 다 본업이기 때문이다.

내 전공 교수님은 방학마다 산에 틀어박혀 소설 쓰기에 전념했는데 그동안은 철학 연구를 일절 하지 않았다. 교수님은 종종 자신이 대학 교수와 소설가를 겸직하고 있다고 말했다. 나는 그분의 소설 쓰기가 철학

연구에 방해가 됐다고는 생각하지 않는다. 철학과 소설은 크게 다르지 않다고 보기 때문이다. 본디 철학은 앎(知)을 사랑한다는 의미며 그 앎이란 산다는 건 무엇인지, 행복이란 무엇인지, 어떻게 하면 행복하게 살 수 있는지 끊임없이 탐구하는 정신이기 때문이다. 따라서 철학자와 소설가는 지향하는 바가 같다고 볼 수 있다.

정신과 의원에서 근무할 때 나는 번역 일도 했지만 이 일을 부업이라고 생각하지는 않았다. 번역으로 버는 수입이 워낙 적어서 다른 일을 더 한다는 의식조차 없었다. 그래도 번역을 했던 이유는 배우는 게 많고 상담에 도움이 된다고 생각했기 때문이다. 주로 아들러의 책을 번역했는데 그저 재미로 하는 일이라고 여겨도 됐으련만 굳이 본업에 도움이 된다고 생각했던 이유는 그래야 본업 아닌 일을 하는 스스로를 정당화할 수 있었기 때문이다.

한번은 번역을 못마땅하게 여기는 원장과 언쟁을 벌인 적이 있다. 그 무렵 몸이 자꾸 아파 정밀 검진을 받았는데 이상이 없다는 결과가 나와 원장에게 보고했더니 그는 내가 쉬는 날까지 번역을 하니 본업에 지장이 생기는 거라고 핀잔을 줬다. 나는 납득이 가지 않아 쉬는 날에 골프를 치는 건 괜찮냐고 물었다. 그는 골프는 문제가 없다고 대답했고 그 말을 들은 나는 더는 이 병원에서 일하지 못하겠다고 생각했다.

물론 나는 부업 대신 본업 못지않게 몰두할 만한 취미가 있어도 좋다고 생각한다. 함께 일했던 간호사 한 명은 쉬는 날이면 스노보드를 타러 다녔는데 봄이 돼서 눈이 녹으면 야마가타(일본 북서부에 위치한 현으로 겨울에 춥고 내륙분지에 눈이 많이 내린다 – 옮긴이)까지 원정을 가기도 했다. 때로는 스노보드를 즐기기 위해 간호사 일을 하는 것처럼 보이기도 했지만 그러면 좀 어떤가. 그는 취미에 몰두하는 한편 간호사 일에도 열심이었다.

일찍부터 이런 취미 혹은 부업을 찾아놓는 건 인생 2막을 위해 매우 중요하다고 할 수 있다. 다만 그때를 위해 일부러 찾기보다는 일하는 동안 발견해서 즐기며 사는 게 더 좋다. 취미와 부업은 밥벌이의 지겨움,

일의 괴로움을 덜기 위한 게 아니라 그 자체를 즐기는 게 목적이다. 그런데 왜 그렇게 못할까? 한번 생각해 보자.

꼭 뭔가를 해야만 하는 건 아니다

앞에서도 말했지만 은퇴 후에는 또 다른 삶의 보람을 찾아야 하고 그래서 뭔가를 하지 않으면 안 된다고 생각해 초조해하는 사람이 있다. 하지만 나는 아무것도 하지 않고 시간을 보내도 괜찮다고 생각한다. 평생 부지런히 일한 사람이라면 반드시 뭔가 해야 한다고 생각하겠지만 이것이야말로 일이라는 저주에서 벗어나지 못한다는 증거다.

사실 아무것도 안 하는 사람은 없다. 로댕은 누군가를 만나면 "안녕하세요"라고 인사한 뒤 꼭 "일은 잘됐

나요?"라고 물었다고 한다. 로댕 자신이 쉬지 않고 조각을 했기 때문이기도 하겠지만 그가 말한 일이란 책을 읽고 편지를 쓰고 산책을 하고 멍하니 있거나 잠을 자는 것 모두를 뜻했을 것이다. 사는 것 자체가 일이다. 그러니 더는 직장에 나가지 않는 것일 뿐 아무것도 안 하는 건 아니다.

일단 '아무것도 안 해도 돼. 하지만 할 수 있는 게 있다면 해도 돼' 하고 생각하자. 뭔가를 반드시 해야 한다고 생각하는 순간 그건 의무가 되고 의무감으로 하는 일에서는 보람을 느끼지 못한다. 그런데 취미마저 의무로 생각한다면? 그런 사람은 인간이란 그냥 내버려 두면 아무것도 안 하는 존재라고 생각하는지도 모른다.

중장년층에서 은둔형 외톨이가 늘고 있다고 한다. 넓은 의미에서 은둔형 외톨이란 취미와 관련된 일이 있을 때는 외출하고 집 근처 편의점 정도는 가며 자기 방에서는 나오지만 그 외에는 집에서 거의 나오지 않는 상태가 6개월 이상 지속되는 경우를 가리킨다.

예전에 내 아들은 기숙사형 고등학교 진학 여부를 고민하다가 기숙사 규칙을 읽고는 그 학교에 진학하지 않겠다고 선언했다. 저녁 생활 시간표에서 '강제 자습'이라는 글자를 보고 자습(自習)이 강제라는 사실에 모든 미련을 버렸다.

마찬가지로 인생 2막을 위해 반드시 취미를 찾아야 한다는 사람도 있지만 나는 취미까지 의무여선 안 된다고 생각한다. 취미는 해야 해서 하는 일이 아니라 즐기기 위해서 하는 일이기 때문이다. 의무적으로 한다면 더는 취미가 아니다.

취미도 일처럼 의미를 따져가며 하다 보면 온전히 즐기지 못한다. 사실 일이라고 해서 반드시 의미가 있는 것도 아니다. 의미와 쓸모의 관점에서 보면 무의미하고 아무짝에도 쓸모없다고 치부될 만한 일도 얼마든지 있다.

내가 아직 젊었던 시절 대학의 고대 그리스어 강의가 폐강된 적이 있다. 고대 그리스어를 배우는 학생이 많을 리 없겠지만 서구 문화의 학문 기초인 고전 언어를 수강생이 적다는 이유로 폐강하는 대학의 태도에 실망했다. 'School'의 어원은 그리스어 'schole', 즉 '한가로운 시간'이다. 당장의 실용성을 따지지 않고 시간을 들이지 않으면 학문이라고 할 수 없다.

다시 원래 이야기로 돌아가서 퇴직 후 일을 대신해 취미를 찾으려는 사람은 마치 일을 하듯 취미에 몰두한다. 나는 자신이 하는 걸 취미라고 말할 수 있으려면 전문가에 버금갈 만큼 끝장을 봐야 한다고 생각한다. 다만 그렇게 말하면 극단으로 치닫는 이들이 있다. 가령 퇴직 후 사진을 시작하려는 사람이 하는 실수는 SLR 카메라부터 사고 보는 것이다. 그림을 그리려면 재능이 필요하지만 사진은 카메라 셔터를 누르기만 하면 된다고 생각하는 마음은 충분히 이해하겠으나, 실제로 카메라를 장만해 뭔가를 찍기 시작하면 의외로 어렵다는 사실을 알게 된다. 사진작가는 무작정 셔터만 누르는 사람이 아니다.

처음엔 스마트폰 카메라로 시작해도 좋다. 요즘은 스마트폰 카메라 성능도 SLR에 뒤지지 않는다. 처음부터 SLR로 시작하는 이유는 그 카메라만 있으면 좋은 사진을 찍을 수 있다고 착각하기 때문이다.

아들러 심리학은 '사용의 심리학'이라고도 한다. 무엇이 주어졌는지가 아니라 주어진 것을 어떻게 활용하느냐가 중요하다는 이론이다. 반면 무엇이 주어졌는지에 중점을 두는 심리학은 '소유의 심리학'이라고 한다. 성능 좋은 카메라를 갖고 있다고 바로 좋은 사진을 찍게 되진 않는다. 반대로 고성능 카메라가 아니라 해도 제대로 활용하면 좋은 사진을 찍을 수 있다. 이 책의 주제인 인생 2막도 마찬가지다. 퇴직이 문제가 아니라 은퇴라는 현실을 어떻게 받아들이고 어떻게 살아갈지 스스로 정하는 게 중요하다.

더는 출근할 곳이 없어지면 무료해서 어쩔 줄 모르는 사람에게 취미란 단지 시간을 때우기 위한 것이겠으나, 전문가가 되겠다는 포부를 갖고 취미에 몰두하는 사람은 시간을 잊는다. 무료함을 느끼지 않는다.

은퇴 후 새로운 직업을 가질 생각으로 직장을 다닐 때부터 준비를 시작하는 사람도 있다. 다른 일을 시작하려면 그 정도 준비는 필요하겠지만 반드시 일해야 한다고 생각하기보다는 인생 2막에 대해 찬찬히 고민해 보는 게 먼저다. 그러면 새로운 일을 시작해도 그때까지와는 다르게 일할 수 있다. 물론 일은 선택의 문제가 아니라 살아 있는 한 꼭 필수라는 사람도 있다. 이 경우에도 반드시 일을 해야 하는지는 시간을 들여 생각해 보는 편이 좋다. 인간은 무엇을 위해 일하는지, 자신에게 일이 과연 삶의 보람이었는지도 생각해 봐야 한다.

집에서도 회사에서처럼 한다면

초면에 대뜸 학력을 묻거나 직책을 묻는 사람이 있다. 자신이 상대보다 위인지 아래인지 확인하려는 것이다. 상대가 어떤 사람인지를 이런 정보에 의해서 알 수 있다고 생각하는지도 모르겠지만 그보다는 상하 관계를 확실히 하고 말투와 태도를 결정하려는 것이다. 이런 사람은 상대의 상황이 달라지면 태도도 달라진다.

어떤 상황이든 상대를 한결같이 대하는 사람이 성숙한 인간이다. 그때그때 안면을 바꾸고 말투를 바꾸는 사람은 믿을 수 없다. 자신보다 아래라고 생각하는 사람에게는 건방지게 굴고 위라고 생각하는 사람에게는 비굴하게 구는 사람이 주위 사람에게 신용을 얻을 리 없다.

앞서 살펴봤듯이 가족을 부양한다는 점을 자신이 다른 가족 구성원보다 우위라는 근거로 삼는 남성이 있다. 이는 열등감에서 기인하는 행동이다. 자신이 우월하다고 과시하려는 것이다. 정말로 우월한 사람은 그런 행동을 하지 않는다.

경제적 우위는 결코 인간으로서 우월함을 뜻하지 않는다. 인간관계를 위아래로만 보는 사람은 집안일이나 학교 공부가 직장 일보다 열등하지 않다는 사실을 이해하지 못한다. 그래서 가족에게 종종 이렇게 말한다. "경제적으로 부족함 없이 살게 해줬는데 뭐가 불만이야?"

그러다 퇴직해서 수입이 없어지면 어떻게 될까? 자신의 가치가 수입에 있지 않음을 아는 사람이라면 문제가 없지만, 혹시 수입이 없다고 가족이 자신을 무시할까 봐 겁이 나 건방진 태도로 일관하거나 가만히 앉아서 밥상 받는 걸 당연하게 여기는 사람은 가족에서 고립되고 만다.

나는 젊은 시절부터 가족 안에서 경제적 우위를 점한 적이 한 번도 없다. 연구직을 꿈꾸며 대학원에 오래 다녔고 서른 살에 아이가 태어나고 나서는 아이를 어린이집에 데려다주고 데려오는 일을 수년간 했다. 그 사이에 경제적 책임은 초등학교 교사였던 아내가 도맡았다. 그렇다고 돈을 벌지 못하는 나 자신을 비하한 적은 한 번도 없다. 내가 병으로 쓰러졌을 때 병문안을 온 아들은 "쓰러진 게 아빠라 다행이에요"라고 했다. 가계는 걱정하지 말고 마음 편히 요양하라는 뜻이었다. 누가 밖에서 일하느냐는 각 가정 상황에 따라 다른 것이지 돈을 많이 번다고 우월한 건 아니다.

수입이 많다는 이유로 자신이 우월한 줄 아는 건 그런 부모를 보고 자라서일 수도 있다. 물론 부모는 반면교사가 되기도 하지만 결혼해서 가족이 생기면 자기도 모르게 부모와 같은 짓을 하기 쉽다.

꼭 경제적 우위를 내세우지 않더라도 자신을 위에

두고 싶어 하는 사람도 있다. 이 역시 열등감의 발로다. 과거의 영광에 사로잡힌 사람도 있다. "그 베스트셀러는 내가 썼지"라며 언제까지나 우쭐대는 사람 말이다. 또 사소한 일에도 감정적으로 굴며 큰소리를 내거나 주변 사람을 타박하는 사람도 있다. 자신감이 없기 때문에 가만히 있으면 인정받지 못한다고 생각하고 감정적으로 다른 사람 위에 올라서려 한다.

아들러는 이를 '가치 감소 경향'이라고 했다. 타인의 가치를 축소해 상대적으로 자신의 가치를 높이려 한다는 뜻이다. 자신이 유능하지 않음을 간파당할까 봐 두려운 사람은 일과 무관한 분야에서도 부하 직원보다 우위에 서려고 한다. 아들러는 일은 첫 번째 전장이라고 말했다. 나는 일터가 전장이라는 데 전적으로 동의하진 않지만 일과 상관없이 부하 직원의 가치를 깎아내리는 말을 하는 상사가 있는 건 분명하다.

이런 태도로 직장 생활을 한 사람은 퇴직 후 가족에게도 같은 행동을 한다. 퇴직 전에는 능력에 자신이 없어서, 퇴직 후에는 그 일조차 없어져서 자신이 무가치하다고 생각한다. 그러다 보니 가치 감소 경향이 점점 더 강해진다. 직장에서 부하 직원들이야 상사에게 함부로 대했다가는 어떤 불이익을 당할지 몰라 아무 말 못하고 참고만 있었겠지만 집에서는 다르다. 가족은 고압적인 태도나 안하무인인 언행을 가만히 두고 보지 않는다. 무작정 가족 위에 올라서려 들면 그나마 밑바닥에 있던 자리마저 잃을지 모른다.

타인의 평가는 당신의 가치와 상관없다

다른 사람보다 잘나고 우위에 있어야 자신이 가치 있는 존재라고 믿어온 사람이 행복한 인생 2막을 열기 위해 가장 먼저 해야 할 일은 모든 인간은 동등한 관계며 본연의 나 자신이어도 된다는 새로운 신념을 수용하는 것이다. 있는 그대로의 나 자신을 받아들이는 사람은 일선에서 물러나도 삶이 크게 달라졌다고 느끼지 않지만 그렇지 못한 사람은 모든 걸 잃은 듯한 상실감을 겪는다.

　나를 있는 그대로 받아들이지 못하는 이유는 어린

시절과 관계가 깊다. 부모가 자녀의 있는 그대로의 모습에는 무관심하고 뭔가를 잘할 때만 관심을 보이며 사랑을 표현했을 수 있다. 잘 보이려는 대상은 부모에서 점차 모든 사람이 되고 그렇게 본연의 자신에서 멀어진다.

처음부터 모든 사람에게 잘 보이려고 노력했을 리는 없다. 있는 그대로의 나로 있어도 되는 시기가 분명 있었을 테고 부모도 아이의 존재 자체로 기뻤던 때가 있었을 것이다. 그러나 아이가 점점 커가면서 부모는 아이에게 좋은 성적이나 좋은 학교로의 진학을 기대하고 아이는 부모의 기대에 부응하기 위해 열심히 공부한다. 그러나 공부는 누군가를 위해서 하는 게 아니다. 몰랐던 것을 알아가고 배우는 자체가 기쁨이며 그 즐거움이 공부의 가장 강한 동기다. 이런 동기가 없다면 부모의 기대에 못 미치는 성적을 냈을 때 더는 공부를 하지 않고 돌변해 반항하기도 한다. 적극적인 아이는 문제 행동을 하고 소극적인 아이는 학교에 가지 않거나 방에 틀어박힌 채 마음의 병을 앓는다.

상담을 하며 늘 생각하는 게 있다. 에너지가 있다면 에너지를 쏟는 방향만 바꿔도 금세 다시 일어설 수 있지만 그렇지 못하다면 일단 에너지를 끌어내는 일부터 시작해야 한다는 것이다.

모든 아이가 언제나 부모의 기대에 부응할 수는 없다. 가령 초등학교 때 분수를 배우면서 수학을 잘 못하는 아이가 있는데 노력이 좌절됐을 때 비뚤어지는 건 어른 탓이 크다. 칭찬하거나 야단치며 아이들을 가르치는 동안 부모는 아이에게 타인과의 경쟁심을 심어주게 되고 경쟁에서 진 아이는 일찌감치 공부를 그만둔다.

경쟁에서 이긴 아이 역시 다음번엔 경쟁에서 질지 몰라 전전긍긍한다. 어른이 되고 나서는 직장에서 늘 불안해한다. 아들러 심리학에 따르면 경쟁은 정신 건강을 해치는 가장 큰 요인이다. 경쟁은 결코 당연한 게 아니다.

잘되려는 아이든 못되려는 아이든 타인의 평가에 사로잡힌다는 점에서는 같다. 자신의 가치를 어른에게 인정받지 않으면 안 되기 때문이다. 그러다 보니 어른이 돼서도 타인의 평가에 신경 쓰는 사람이 많다. 하지만 그 평가가 내 가치를 좌우할 순 없다. 이를테면 "넌 정말 별로야"라는 말을 들었다고 가치가 떨어지는 것도 아니고 반대로 "넌 정말 좋은 사람이야"라는 말을 들었다고 가치가 높아지는 것도 아니다. 물론 긍정적인 말을 들으면 기쁘기는 하겠으나 그 역시도 나에 대한 상대의 평가에 불과하다.

인사고과나 대학 입시 같은 평가가 반드시 정당한 것도 아니다. 시험에서 좋은 성적을 받으면 실력이 있다고 여겨지지만 시험만으론 실력이 제대로 평가되지 않는 사람도 있다.

사실 능력이 우수해도 시험에 떨어지는 경우가 부지기수다. 내 친구는 스무 곳이 넘는 출판사 문을 두드렸으나 전부 떨어지고 겨우 한 출판사에 들어갔는데 2년 만에 밀리언셀러를 낸 편집자가 됐다. 평가와 가치는 사실 아무런 관계가 없다.

다른 사람이 나를 어떻게 생각할지 두려운가? 지금

까지 계속 타인의 눈을 신경 써왔다면 인생 2막에서는 그 시선에서 자유로워지길 바란다. 이제 용기를 낼 때다.

두 가지 용기

가끔 자신이 특별할 것 없는 사람이라는 사실에 실망하고 좌절하는 사람이 있다. 하지만 특별하지 않다면 보통 사람으로 지내면 된다. 평범하게 살라는 뜻이 아니라 있는 그대로의 자신으로 살면 된다는 것이다. 소속이나 학력에 기대지 않아도 자신에게 가치가 있음을 알고 있는 그대로의 나 자신을 받아들이는 게 중요한 까닭은 직책 같은 속성은 퇴사와 함께 의미를 잃기 때문이다.

속성은 가치와 무관하다. 그런데도 이 둘을 동일시

하는 사람은 타인과 관계를 맺을 때도 사람 자체가 아니라 속성에 따라 그의 가치를 판단하려고 한다.

아무리 마음에 안 드는 나라도 죽는 순간까지 보듬으며 함께 가야 하는 존재다. 물건이라면 더 좋은 것으로 바꿀 수도 있고 마음에 안 들면 버릴 수도 있지만 나 자신은 대체할 수도 포기할 수도 없다. 나 자신을 받아들이지 못하면 결코 행복할 수 없다.

아들러는 말했다. "자신에게 가치가 있다고 느낄 때만 용기를 낼 수 있다."

여기서 용기란 두 가지 의미가 있다. 하나는 일에 임하는 용기, 또 하나는 관계에 뛰어들 용기다.

어떤 일의 결과가 좋지 않아도 내 능력이 충분치 않다는 있는 그대로의 현실을 받아들이고 힘을 내는 수밖에 없다. 늘 좋은 결과를 내는 사람은 용기가 필요 없겠지만 처음부터 원하는 결과를 내는 사람은 별로 없다. 그러니 뭔가 잘 풀리지 않을 때 일이 나와 맞지 않는다고 생각하기보다 용기 있게 일에 임하는 자세가 필요하다. 쉬운 일은 없다. 어려운 일을 해냈을 때 기쁨도 더 큰 법이다.

또 인간관계에 뛰어들 용기가 필요하다. 관계를 맺
는 데 굳이 용기가 필요한 이유는 인간관계에서는 필
연적으로 마찰이 생기고 상처를 받을 수밖에 없기 때
문이다. 하지만 삶의 많은 기쁨을 관계에서만 얻을 수
있는 것도 사실이다. 결혼한 사람이라면 지금 배우자
와 결혼을 결심한 때를 떠올려 보라. 이 사람과는 행복
하게 살 수 있다고 확신했기 때문이지 불행하리라고
생각했다면 결혼하지 않았을 것이다. 수년 후 그 결혼
이 큰 실수였음을 깨닫는다 해도 말이다.

인간관계도 일과 마찬가지로 처음부터 좋은 결과를
낼 수는 없다. 결혼 또한 해피엔딩으로 끝난다고 장담
할 수 없다. 그래서 인간관계는 누구에게나 고민이지
만 서로 부딪히더라도 시간을 들여 신뢰할 수 있는 관
계를 맺는 건 삶의 기쁨이다.

서로 사랑한다고 모두 좋은 관계를 맺을 수 있는 것
도 아니다. 사랑이라는 감정이 있기 때문에 소통이 잘
되고 관계가 좋아지는 게 아니라 소통이 잘돼야 이 사

람을 사랑한다고 느낄 수 있다. 그리고 소통이란 원활한 대화만 뜻하지 않는다. 상대에게 잘 보이기 위해 특별한 언행을 하지 않고 있는 그대로의 모습으로 있어도 될 때 소통을 잘하는 것이다.

또 일과 인간관계는 떼놓을 수 없다. 과정의 대부분을 혼자 하는 일이라 해도 처음부터 끝까지 혼자서만 해낼 수 있는 일은 별로 없다. 예를 들어 작가가 글을 쓰는 일에는 편집자와의 긴밀한 관계가 필요하다. 한 권의 책은 작가와 편집자가 공동으로 작업한 결과물이다. 그러니 만약 함께 일하고 싶지 않은 사람이라면 출판 제안도 받지 못할 것이다.

인생 2막에서는 직장에서와는 다른 관계에 뛰어들 용기를 가져야 한다. 바로 가족, 친척, 이웃과의 관계다. 직장에서는 사람들과 원만하게 지냈다 해도 이 관계까지 쉬우리란 법은 없다. 물론 그동안에도 직장에서의 인간관계만 있었던 건 아니겠지만 일을 핑계로 피할 수 있었던 인간관계가 인생 2막에서는 아주 중요해진다. 특히 가족과의 관계가 중요하다. 이전까지 배우자와 자녀, 부모와의 관계를 소홀히 했던 사람이라도 이제는 이 관계를 진지하게 마주해야 한다. 가정에서 소외감을 느껴왔다 해도 용기를 내야 한다.

아들러는 있는 그대로의 자신이 가치 있다고 생각할 때 용기를 낼 수 있다고 했다. 직장에서는 늘 누군가의 평가를 받아야 했으나 더는 남들의 평가를 두려워할 필요가 없으니 있는 그대로의 자신으로 살기만 하면 된다. 정말 다행 아닌가. 하지만 어떤 사람에게는 그렇게 간단한 일이 아닐 수도 있기 때문에 지금부터 나 자신을 받아들이려는 준비가 필요한 것이다.

지난 세월 잘 지내온 배우자와의 관계는 걱정되지 않지만 그동안 교류가 적었던 친척, 이웃과는 어떻게 지내야 할지 모르겠다는 사람도 있다. 그래도 서서히 좋은 관계를 맺어나가면 되니 지레 포기할 필요는 없다. 다만 그 과정에서 인간관계란 정말 쉽지 않음을 깨닫게 될 것이다.

전에 어떤 직장을 다녔고 어떤 자리에 있었다고 떠벌리고 다녀봤자 새로운 관계를 맺는 데는 아무 소용이 없다. 있는 그대로의 자신에게 가치가 있음을 안다면 그렇게 눈살 찌푸려지는 짓은 하고 다니지 않을 것이다.

자신의 가치를 의심하지 않으려면

그럼 어떻게 해야 소속이 사라지고 직장이 없어져도 자신에게 가치가 있다고 생각할 수 있을까?

첫째, 자신의 장점이 뭔지 알아야 한다. 의외로 많은 사람이 자신의 장점을 선뜻 말하지 못한다. 혹시 어린 시절부터 부모에게서 단점만 듣고 자랐기 때문은 아닐까?

자녀 때문에 상담을 받으러 오는 부모들은 내가 아이의 장점을 묻지 않으면 단점과 결점, 문제 행동과 이상행동만 줄줄이 읊는다. 그러다 장점을 물으면 마치 생각해 본 적 없다는 듯 한마디도 대답하지 못한다. 장점을 보지 못하는 부모 밑에서 자란 아이가 어른이 돼 자신의 장점을 말할 수 없는 건 어찌 보면 당연하다.

고등학교를 졸업한 직후 길에서 중학교 때 교장 선생님을 마주친 적이 있다.

"우리 집에 한번 놀러 오렴."

지금 생각하면 인사치레일 뿐 진심은 아니었을 텐데 나는 기뻐하며 얼마 지나지 않아 교장 선생님 댁을 방문했다. 그와 어떤 대화를 했는지 대체로 기억나지 않지만 이 한마디는 또렷하다.

"자네는 장사꾼 체질은 아니야. 체격이 크고 다부져야 그런 일도 척척 해낼 수 있지. 게다가 강단이 있어야 하는데 자넨 안 되겠어."

"안 되겠어"라니, 교육자가 할 말은 아니라는 생각이 들었다. 나는 그에게 직접 배운 적은 한 번도 없었다. 나를 잘 알지도 못하면서 왜소한 체격만 보고 평가하는 말을 들으니 기분이 좋지 않았다. 장사'꾼'이라는 표현도 이상하다고 생각했다. 교사라는 자신의 직업과 비교해 급이 낮은 직업이라는 인식이 있었던 걸까.

나는 교장 선생님의 말을 듣고 세상의 일면을 좀 알게 된 듯했다. 인생의 패배자라고 선고받은 기분도 들었다. 그날 했던 생각이 선명히 기억난다.

'체격이 크고 강단이 없으면 안 된다는 걸 안다 한들 어쩌란 말인가? 왜소하게 태어난 몸을 건장하게 만들 수도 없는데.'

강단이 없다는 것도 그랬다. 강단이 장사꾼의 덕목이라면 그게 없는 나는 무엇이 될 수 있을지 걱정이 됐다. 그 후 교사를 꿈꾸기도 했는데 당시엔 학생들을 호되게 질책하지 않으면 교사가 될 수 없다고 믿었고 그건 나와는 거리가 먼 얘기라 교사가 되기를 포기했다. 하지만 생각해 보면 내게 큰 영향을 준 선생님들은 결코 큰소리를 내지 않았다. 왜 그들을 모델로 삼으려 하지 않았는지 지금 생각해 보면 이상하다.

만약 그때 "자네한테는 이런 일이 어울려"라는 말을 들었다면 감사하게 여기고 기분 좋게 선생님 댁을 나섰을지 모른다. 훗날 상담을 시작할 때 한 번의 만남이 이토록 오래 기억되기도 하니 단 한 번을 만나도 내담자의 인생을 긍정적으로 바꿀 수 있는 상담을 해야겠다고 다짐했다.

상담을 하면서 알게 된 사실은 강단 있고 위압감이 느껴지는 사람은 상담에 적합하지 않다는 것이다. 물론 개인적 견해일 뿐이다. 강단 있는 사람이 상담을 더 잘할 수도 있으나 내 경우 왜소한 체격이 위압감을 주지 않아 상담가가 될 수 있었는지 모른다고 생각했다. 상담에 관해 가르쳐 준 선생님이 "자네는 사람을 편안하게 하는 재능이 있어"라고 말해줬을 때 나는 장점을 살리는 것이 얼마나 중요한지 배웠다.

그래서 내담자가 내게 자신은 집중력이 없다고 말하면 나는 집중력이 없는 게 아니라 '분산력'이 있는 거라고 말한다. 조용한 방에서 혼자 있을 때만 일을 할 수 있다면 곤란하다. 주변에 사람이 있고 소란한 환경에서도 일할 수 있는 능력이야말로 이 시대에 필요하지 않을까.

다른 사람에게도 그 사람의 장점을 부각해 말한다.

가령 싫증을 잘 내는 사람이 있다면 결단력이 있다고 말한다. 지금 하는 일이 맞지 않는다고 깨달은 순간 다른 일을 하기로 결정하는 건 싫증을 잘 내서가 아니라 결단력이 있기 때문이다. 그러지 않으면 인생을 낭비하는 셈이다. 비싼 책을 샀다 해도 현재의 나와 맞지 않는 내용이라는 걸 깨달았다면 그 순간 책을 덮을 용기도 필요하다. 오랫동안 시간과 에너지와 돈을 쏟아부은 일을 그만두는 데도 용기가 필요하다. 결단력이 없다면 격무에 시달리면서도 남의 시선이 신경 쓰여 우물쭈물하다가 과로사할 수도 있다. 결단력에는 다시 결단을 내리는 능력까지 포함된다. 한번 결정했다고 끝까지 계속해야 하는 건 아니다.

이처럼 단점으로 여겨온 특성을 다른 관점으로 본다면 있는 그대로의 자신을 받아들일 수 있다. 있는 그대로의 자신을 받아들이고 그런 자신이 가치 있다고 생각하는 데 필요한 또 한 가지는 바로 공헌감이다.

아들러는 진정한 행복은 공헌감에 있다고 했다. 공헌감은 간단히 말해 내가 누군가에게 도움이 된다는 느낌이다. 그런데 만약 내가 다른 사람에게, 이 세상에 공헌하고 있다는 느낌을 일하면서만 가질 수 있다면 그 사람은 인생 2막이 편치 않다. 인간은 일을 통해서만 공헌할 수 있는 게 아니다. 우리는 기본적으로 공동체에 속해 있고 따라서 존재만으로도 가치 있다. 그럼 공동체란 무엇인지 좀 더 살펴보기로 하자.

더 큰 공동체의 목소리에 귀 기울여야

우울증 때문에 휴직한 교사가 있었다. 이참에 여행이라도 다녀오라고 권하자 그는 그럴 수 없다고 대답했다. 학교에서 전화가 오면 곤란하다는 이유였다. 그래서 휴대전화로 학교의 연락을 받을 수 있지 않느냐고 했더니 집 전화로 받지 않으면 집에서 요양하지 않는다고 의심할 거라고 했다. 최대한 외출을 자제하던 그에게 나는 학교에서 당신을 떠올리는 건 휴직 기간이 끝날 때쯤일 테고 지금은 다들 바빠서 아무도 신경 쓰지 않을 거라고 말했다.

그는 집에 있으면서도 편히 지내지 못했다. 이웃들이 주차장에 세워진 차를 보고 자신이 집에서 빈둥댄다고 생각할까 봐 걱정이 된다고도 했다. 나는 또 한번 사람들은 당신이 생각하는 만큼 당신을 신경 쓰지 않는다고 말해줘야 했다.

나는 젊은 시절부터 평일에 장을 봤는데 솔직히 수상하다는 듯 쳐다보는 사람이 없진 않았다. 하지만 수십 년 전 일인 데다 도시도 아니었다. 지금은 남자가 평일에 장을 본다는 이유로 아무도 주목하지 않는다. 한다 해도 잠시 시선을 줄 뿐 곧 다른 데로 관심을 옮길 것이다.

그 교사는 내 조언을 듣고 얼마 뒤 여행을 떠났고 그사이 건강을 되찾아 학교로 복귀했다. 그는 병이 나은 후에 돌아갈 곳이 있었다. 반면 퇴직을 하면 복귀할 곳도, 주목해 주는 사람도 없다. 그러나 우리가 소속된 공동체가 직장만 있는 건 아니다.

키케로의 저서《투스쿨룸 대화》에는 어느 나라 사람이냐는 질문을 받은 소크라테스가 "세계인"이라고 대답했다는 일화가 나온다. 도시국가 아테네의 일원이던 소크라테스가 정말로 그렇게 말했는지는 알 수 없으나, 실제로 그렇게 답했더라도 물어본 사람은 그 대답의 의미를 바로 이해하지 못했을지 모른다. 늘 국가를 초월하는 정의를 중요시했던 소크라테스가 세계인이라고 말했을 때는 자신을 도시국가라는 좁은 틀에 가두고 싶지 않았을 것이다. 소크라테스가 아테네를 무시해서가 아니다. 오히려 소크라테스는 애국자였다. 그가 자신의 공동체를 강하게 비난했다 해도 애국자가 아니었다는 뜻은 아니다. 그는 자신이 소속된 공동체를 초월해 지금 무엇을 해야 하고 무엇이 필요한지 늘 생각했다.

상사나 조직의 부정을 알면서도 모른 체하는 이들이 있다. 부정을 저지른 상사는 승진 같은 보상을 제안하며 충성을 맹세케 하고 자기 세력을 확대하는 데 이용하려 든다. 부하 직원 역시 부정을 고발하기는커녕 상사를 보호하려 하는데 상사가 아니라 자기 자신을 위해 그렇게 한다. 즉, 자신의 이해득실 외에는 아무 관심도 없는 사람이다. 결국 부정이 발각되면 조직은 사회적 신용을 잃고 만다. 그러니 부정을 그냥 지나치지 않는 사람이야말로 조직을 사랑하고 공동체의 이익을 생각하는 사람이다.

조직에서 상사의 눈치를 살피며 일했던 사람이라면 이제는 그럴 필요가 없으니 감사한 마음으로 퇴직을 맞이할 수 있다. 또 직장보다 큰 공동체에 소속돼 있다고 생각해 온 사람은 퇴직이 두렵지 않을 것이다. 자신을 회사에 소속된 사람이라고 생각하면 고작 회사원에 그치지만 더 큰 공동체에 소속돼 있다고 생각할 수 있는 사람은 세계인이 된다. 우리는 국가보다 큰 공동체에 속해 있다.

3장

일의 의미를 묻다

직장이란 무엇인가

플라톤의 《국가》에는 페르시아전쟁에서 페르시아 함대를 격파한 아테네 정치가 테미스토클레스(Themistocles)에 관해 이런 글이 나온다.

- 어느 소국의 주민이 "오늘날 당신의 명성은 당신의 힘으로 얻는 것이 아니라 우연히 아테네 같은 나라에 태어났기 때문에 얻은 것이오"라며 테미스토클레스의 명성에 흠집을 내려고 했다. 그러자 테미스토클레스는 이렇게 대답했다.

"만약 내가 당신네 나라에서 태어났다면 오늘과 같은 명성을 얻지 못했을지도 모르오. 허나 당신이 아테네에서 태어났다고 해서 나처럼 이름을 떨칠 수 있다고는 말할 수 없을 거요."

직장도 마찬가지다. 어떤 회사에 소속됐기 때문에 성공할 수 있었다고 생각하고 싶은 사람도 없진 않겠지만 그 회사에 소속돼 있다고 누구나 성공할 수 있는 건 아니다. 나는 회사보다 개인의 힘이 더 크다고 생각한다. 다시 말해 어떤 회사에 다니느냐가 능력의 증거가 되진 않는다는 것이다.

근무하던 병원을 그만두려 할 때 원장은 내게 이렇게 말했다.

"상담을 받으러 오는 사람들은 당신이 아니라 우리 병원을 보고 찾아온 겁니다."

그는 내가 병원을 나가 개인 상담을 시작한다 해도 누구도 찾아오지 않을 거라고 말하고 싶었던 것이리라. 실제로 사람들은 병원에 소속된 상담가를 더 많이 찾아갈지 모르지만 나는 원장이 내 실력을 폄하하는 듯해 분했던 기억이 난다.

다행히 원장은 그동안 내게 상담받은 이들에게 내가 독립해서 상담을 시작한다는 사실을 알리도록 허락했다. 그리고 원장의 말은 절반 정도 맞았다. 내가 독립한 사실을 알린 사람은 날 찾아왔지만 알리지 못한 사람은 찾아오지 않았다.

내담자 수가 적으니 당장의 수입은 줄었지만 그래도 조금씩 내담자가 늘어 매일 몇 명씩은 찾아왔다. 다만 스스로 찾아오는 새로운 내담자는 많지 않았다. 조직에 속했던 때는 알지 못했던 그늘이었다. 물론 아무리 이름난 병원에 속한 상담가라 해도 제대로 일하지 않으면 어느 순간 아무도 찾아오지 않는다. 책도 그렇다. 큰 출판사에서 책을 출간하면 잘 팔린다고 생각하는 사람이 많지만 책이 재미없으면 어느 출판사에서 내도 팔리지 않는다. 반대로 작은 출판사에서 낸 책이라도 읽을 가치가 충분하다고 생각하는 사람이 많으면 잘 팔리게 돼 있다.

이는 뭘 위해 일하는가 하는 문제와도 관련 있다. 가령 책이 많이 팔리는 건 좋다. 하지만 정말로 읽었으면 하는 사람에게 책이 전해지는 것이야말로 감사한 일이라고 생각한다면 판매 부수는 그리 문제가 되지 않는다.

대신할 사람은 언제나 있다

나는 병원에서 근무할 때 접수 일도 종종 했는데 익숙하지 않은 일이다 보니 처음엔 엄두가 나지 않았다. 하지만 일단 하기로 결정하고 나서는 완벽하게 해내기로 마음먹었다. 머지않아 나는 전화를 받으면 수화기 너머의 환자가 누구인지 알아차리고 "○○씨군요"라고 말할 수 있을 정도가 됐다.

그러던 어느 날 퇴근하다 계단을 헛디뎌 골절상을 입었다. 하지만 내가 쉬면 병원 운영에 차질이 생길 것 같아 이튿날 무리해서 출근했다. 그런데 목발을 짚고 출근하면 안 된다고 한소리 듣는 바람에 바로 3주간 휴직했다. 놀랍게도 병원은 내가 3주나 쉬었는데도 무리 없이 운영됐다.

휴직이 아니라 퇴직의 경우도 마찬가지다. 모두가 난처해지리라 생각해 퇴직 후에도 회사에 얼굴을 내비치는 사람이 있다고 들었다. 하지만 다들 기뻐하기는커녕 대체 왜 왔는지 의아해한다고 한다. 기대했던 것과는 다른 반응에 그동안 자신의 인생은 무엇이었나 허망해하는 사람도 있다. 그러나 내가 없어도 직장이 문제없이 돌아간다는 사실을 알면 오히려 기뻐해야 한다. 자신이 잘 가르친 덕에 후임들이 문제없이 일을 착착 해낸다는 뜻이기 때문이다.

퇴직하고 딱 한 번 병원에 가본 적이 있다. 나 없는 직장이 어떻게 됐는지 보러 간 건 아니고 내가 쓰던 컴퓨터 상태가 나빠져 병원에서 보러 와달라고 연락이 왔기 때문이다. 3년 동안 아침부터 저녁까지 지내던 병원에 들어간 순간 그 공간이 비좁게 느껴졌다. 내가 드넓은 세계로 나갔다는 실감이 났다.

나만 할 수 있는 일은 뭘까

모순처럼 들리겠지만 내가 없어도 내 일을 대신할 사람은 얼마든지 있다는 사실을 아는 것과 마찬가지로 내가 아니면 누구도 대신할 수 없는 일이 있음을 아는 것도 중요하다.

같은 일도 사람마다 하는 방식은 천차만별이다. 정해진 일이라 내용은 같더라도 어떤 간호사는 환자 몸을 꼼꼼하게 닦는가 하면 어떤 간호사는 대충 닦고 만다. 보기만 해도 기분 좋게 웃는 간호사가 있는가 하면 부루퉁하고 무뚝뚝한 간호사도 있다.

환자로서는 간호사를 고르고 싶은 심정이 들 만도 하다. 이때 능력만 기준이 되진 않는다. 같은 일이라도 얼마나 진지하게 임하며 얼마나 열심히 하는지 성실함의 정도에서 분명 차이가 난다. 부루퉁하고 성의 없는 간호사를 만나면 볼 때마다 불쾌해진다. 환자 입장에서는 물론 간호사 본인도 일하는 내내 심기가 불편하면 힘들지 않을까. 즐겁기만 한 일은 없겠지만 기왕이면 일하는 재미를 느끼며 신나게 일했으면 한다.

그런가 하면 친절하고 성실하다고 꼭 좋은 것만도 아니다. 수액 투여를 위해 정맥에 주삿바늘을 꽂을 때 여러 번 실패하는 간호사를 만나면 참으로 난감하다. 전에 내 어머니는 입원해 있는 동안 매일 수액을 맞다 보니 혈관이 잘 보이지 않게 됐다. 그해 간호사가 된 젊고 성실한 간호사는 정맥을 찾지 못해 어머니에게 수액을 투여할 때는 반드시 선배를 불렀다.

선배 간호사는 한 번에 정확히 바늘을 넣어 어머니의 고통을 줄여줬고 나는 그게 참 고마웠다. 그런데 이 간호사를 대할 때는 늘 조심해야 했다. 환자와 가족이 간호사를 대할 때 종기를 만지듯이 조심하지 않으면 안 된다는 게 이상하지만 간호사의 기술과 인품 중 어느 한쪽을 고르는 건 어려운 문제다.

기술과 인품 둘 다 갖기란 쉽지 않겠으나 기술은 물론 인간으로서도 환자의 신뢰를 얻을 수 있는 간호사가 많아지면 좋겠다. 나는 내가 입원했을 당시 나를 담당 했던 간호사를 잊지 못한다. 몸뿐만 아니라 마음도 약해졌을 때 그 간호사 덕에 얼마나 살아갈 힘을 얻었는지 생각하면 감사한 마음뿐이다. 그러니 강한 자부심을 갖고 일했으면 좋겠다.

요 몇 년 사이 정부가 외국인 노동자를 받아들이면서 돌봄 업무를 단순노동으로 치부하는 걸 보고 분노를 느꼈다. 간호와 돌봄 업무는 매뉴얼화할 수 있는 단순노동이 아니다. 둘 다 사람에 관한 일이라 지식과 경험 모두 필요하다.

어쩌면 나만 할 수 있는 일을 하기가 어려워졌는지도 모른다. 구직할 때 이력서에 엑셀을 다룰 수 있다고 쓰는 건 내가 남들과 다른 독자적인 존재임을 알리는 게 아니라 남들과 같은 지식을 갖고 있다는 사실을 알리는 것이다. 다른 사람이 대체할 수 있을 정도의 능력만 갖고 있다고 알리는 것과 다를 바 없다.

이렇게 된 데는 기업 책임도 있다. '다른 누구도 아닌 바로 당신을 채용하고 싶다'는 생각으로 구인을 해야 하지만 현장에 바로 투입할 수 있는 인력만 찾는다.

나는 '인재'라는 말이 너무 흔하게 쓰인다고 생각한다. 재능 있는 사람이라는 이 말이 내게는 누군가를 대신할 수 있는 '재료'라는 뜻으로 들린다. 인간은 재료가 아니다. 기업이 구하는 게 재료라면 대신할 재료는 얼마든지 있으니 쉽게 해고하지 않겠는가. 그게 아니라 인재를 구하는 것이라면 정년을 맞은 직원의 고용을 연장할 때 젊은이보다 그의 경험과 지식과 기술이 충분한데도 급여를 대폭 삭감하진 않을 것이다.

내 아버지가 일하던 시절엔 처음 취직한 회사에서 정년까지 일하는 것이 당연해서 당장 성과를 내지 못해도 해고당하지 않았다. 성과주의가 만연한 오늘날엔 조금만 실적이 미달돼도 당장 쫓겨날지도 모른다.

자유로운 정신이 필요할 때

지금은 대학 교수도 1년에 몇 편 이상의 논문을 쓰지 않으면 안 된다. 내가 대학생이었을 때는 30년간 단 한 편의 논문도 내지 않은 교수가 있었다. 지금도 기억할 만큼 특이한 예긴 하지만 그런 교수가 있는 대학에서 야말로 독창적인 연구를 할 수 있다.

수학자 오카 기요시(岡潔, 다변수 복소함수론을 정립했다-옮긴이)는 어느 여름날 친구의 초대로 홋카이도대학교 이학부의 응접실이었던 방을 빌려 거기서 연구에 몰두했다. 그 방에는 아주 멋진 소파가 있었다. 오카는 수학 문제를 풀려고 했으나 소파에만 앉으면 10분도 안 돼 잠이 들었다. 그가 학교에서 잠만 잔다고 교내에 소문이 날 정도였다.

그런데 슬슬 돌아가야겠다고 생각하던 9월의 어느 아침, 친구 집에서 아침 식사를 한 후 거실에 앉아 있는 동안 생각이 점점 한 방향으로 향했다. 그렇게 두 시간 반쯤 앉아 있는 동안 문제의 어디를 어떻게 풀면 좋을지 모든 게 해결됐다. 홋카이도에 가기 전까지는 실마리도 찾지 못한 문제였다.

수강생들에게 "자네들은 내 수업에 열심히 출석하고 있군. 그렇다면 공부는 대체 언제 하나?"라고 묻던 대학 교수도 생각난다. 겉으로 보기엔 활동하지 않는 듯해도 마음은 끊임없이 움직인다. 이를 인정하지 않고 눈에 보이는 성과만 추구하면 학문은 발전하기 어렵다.

대학마저 성과주의에 물들면 어떻게 될까. 대학에 적을 두려면 논문을 많이 써야 한다. 교수들이 다른 연구자의 논문을 도용하거나 데이터를 날조하는 일이 생기는 이유다. 물론 첫째로는 교수 개인의 양심 문제지만 경쟁 사회의 폐해 중 하나인 건 분명하다. 모두가 당장 성과를 낼 수는 없다. 대학도 기업도 슬로 스타터, 대기만성형 인재가 살아남을 수 있는 자리가 돼야 한다.

퇴직 후 다른 일을 할 때도 젊을 때와 달리 바로 성과를 내지 않아도 된다면 새로운 발상을 해볼 수 있다. 한 회사만을 위한 것이 아닌 뭔가를 창조할 수 있는 시기가 인생 2막이다. 소속된 곳이 없으면 더 자유롭게 궁리하고 연구할 수 있다. 물론 개인이 할 수 없는 연구도 있으니 한계는 있지만 중요한 점은 어디에도 얽매이지 않은 자유로운 정신을 갖는 것이다.

젊은 시절엔 실수할 때마다 야단맞고 위축되던 사람도 퇴직 후에는 자유로워진다. 매킨토시가 출시된 1984년 젊은 스티브 잡스는 도면에 아이폰의 원형을 그렸다. 지금 기업에 요구되는 건 그런 창조를 가능케 하는 자유로운 정신이다. 이건 하면 안 되고 이건 불가능하다는 소리를 들어도, 바로 결과를 내라고 압박받아도 기죽지 않고 꾸준히 연구 개발을 이어갈 수 있는 개방적인 분위기가 필요하다.

나는 젊은이들이 실패해도 새로이 도전할 수 있는 회사에서 일하길 바란다. 감성도 지성도 뛰어난 이들이 아무리 반짝이는 아이디어를 내도 머리 굳은 보수적인 상사가 불가능하다고 무시해 버리면 너무 안타까운 일 아닌가.

정년이 필요한 이유

정년이 아예 없는 일도 사정이 녹록하진 않다. 할아버지와 아버지의 뒤를 이어 3대째 병원장으로 일하는 친구가 있다. 그가 막 의사가 됐을 무렵엔 오랜 환자들이 아버지가 진료하는 날에만 찾아와 그가 진료하는 날은 병원이 한산했다고 한다.

그런데 얼마 지나지 않아 아버지의 실수가 눈에 띄게 늘었다. 환자 진료도, 사무 처리도 전처럼 척척 해내지 못했다. 하지만 정년이 없는 개인 병원이다 보니 부친에게 은퇴를 권고하기가 쉽지 않았다. 자신이 전처럼 해내지 못한다는 사실을 깨달아도 그것을 인정하고 결심하는 데는 시간이 걸린다. 자존심이 높은 의사라면 자녀에게 은퇴를 권고받아도 완강히 거부할지 모른다.

정년을 맞았다면 일단 일을 그만둬도 된다. 일을 계속할 수 있다면 계속하면 되지만 정년은 지났으니 그만두고 싶을 때 언제든 그만둘 수 있다. 정년이 있으면 주위 사람도 은퇴를 권고하기가 비교적 쉽고 무엇보다 스스로 한계를 인식했을 때 이미 정년이 지났다는 사실을 생각하면 자존심이 높은 사람이라도 은퇴를 결심하기 쉬울 것이다.

정년퇴직이란 지금까지 하던 일을 그만둔다는 뜻이지 인생이 끝났다는 뜻은 아니다. 오히려 지금까지 못 해본 일을 시작할 절호의 기회다. 뭔가 하지 않으면 마음이 편치 않던 사람이 '아무것도 하지 않는 일'을 시작할 좋은 기회기도 하다.

일을 잘되게 하는 관계가 있다

업무상 맺은 인간관계는 기본적으로 일하는 동안만 유효하기 때문에 상대의 개인적인 삶에 관해 몰라도 문제가 없다. 요컨대 일만 잘하면 된다. 일하는 능력 외엔 중요하지 않다. 상대가 아무리 사교성이 좋아도 일을 못하면 그만큼 곤란한 경우도 없다. 반대로 능력은 있으나 사교성이 없고 호감 가지 않는 사람이라도 일로 엮인 관계에선 일부러 마음을 쓸 필요가 없다. 그렇지만 '함께 일하고 싶다'는 생각이 드는 사람이 동료라면 일이 좀 더 즐거워지는 것도 사실이다.

그렇다고 서로의 사생활을 속속들이 알아야 한다거나 스스럼없는 대화를 나눠야 한다는 뜻은 아니다. 단지 함께 일하고 싶다든가 함께 일해 기쁘다고 생각할 수 있는 인간관계는 일로 시작된 관계지만 교우 관계에 가깝다. 그런 관계를 맺기 위해서는 동료를 직책의 차이가 문제되지 않는 동등한 관계로 여길 수 있어야 한다.

물론 상사와 부하 직원은 책임의 양이 다르다. 부하 직원의 성과가 줄어들거나 실패만 거듭한다면 부하 직원만의 문제라고 할 수 없다. 상사의 리더십에도 문제가 있는 것이다. 자신은 지시한 적 없고 부하 직원 멋대로 한 결과라며 책임을 회피한다고 끝날 문제가 아니다. 적절한 조언과 지도로도 발전이 없다면 지금 이대로라면 어떻게 될지 생각해 봤는지 부하 직원에게 물어야 한다.

탓하기 위해서가 아니라 상담을 위해서지만 이를 비난이나 위협으로 받아들이는 사람도 물론 있다. 그러면 될 일도 안 된다.

이런 상황을 방지하려면 평소 부하 직원과 좋은 관계를 맺어야 한다. 상사와 부하 직원은 직장 내 역할 차이가 있을 뿐 본질적으로는 동등한 관계라는 생각을 할 수 있어야 좋은 관계가 시작된다.

경쟁하지 않아도 된다면

부하 직원끼리 경쟁을 시켜 생산성을 향상하려는 발상은 시대착오적이다. 효과도 불확실하다. 경쟁에서 진 사람이 다음에는 이기기 위해 열심히 노력할까? 그저 계속 잘해보려는 용기를 잃을 뿐이다. 경쟁에서 이긴 사람 역시 다음에는 질지도 몰라 늘 전전긍긍한다. 경쟁은 인간의 정신 건강을 해치는 가장 큰 요인이다.

경쟁의 폐해는 조직 전체, 나아가 사회 전체에 미친다. 치열한 경쟁 사회의 구성원들은 이기기 위해 수단과 방법을 가리지 않기도 한다. 거짓말을 하고 부정을 저질러도 이기기만 하면 된다고 여긴다. 특히 회사는 승진을 둘러싼 경쟁이 극심한 곳이다. 입시 경쟁에 비할 바가 아니다. 입시는 비교적 공정하고 실력만으로 합격이 가능하지만 조직의 인사는 그렇지 않다.

그래서 승진에 일절 관심이 없는 사람도 있다. 승진을 원치 않는 게 아니라 사내 직위와 자신의 가치는 무관함을 안다는 뜻이다. 반면 승진을 못하면 패배했다고 생각하는 사람도 있다. 그러나 인사가 공정하다는 전제하에 말하자면 승진은 일의 결과지 일의 원인은 될 수 없을 것이다.

경쟁의 폐해 중 하나는 경쟁에서 이기지 못할까 봐 도전을 포기한다는 것이다. 그러나 실패가 두려워 아무 도전도 하지 않는다면 과연 일을 하는 의미가 있을까? 실패해서 상사에게 질책당할까 두려워 자신의 머리로 일하기보다 시키는 일만 하는 젊은이들이 많은 건 안타까운 일이다.

그러다 나이가 들고 퇴직을 하면 모든 걸 스스로 결정해야 하는데 수동적으로만 살아온 사람들은 누구의 지시도 받지 못하는 현실에 어찌할 바를 모른다. 자유를 만끽하기는커녕 형벌로 느끼고 자유가 오히려 이들의 인생을 고통에 빠뜨리고 만다.

지금은 경쟁이 아니라 협력이 요구되는 시대다. 이는 비단 직장 생활에서만이 아니라 은퇴 후 인생 전반에 걸쳐 중요한 능력이다. 만약 내가 그런 환경을 제공받지 못했다면 후배들을 위해 제공해 줄 수 있는 사람이 돼야 한다. 그러면 내 공헌감도 충족될 수 있을 것이다.

인간은 왜 일하는가

기업 연수차 강연을 갔을 때의 일이다. 한참 강연을 하다 보니 어느 순간 임원 한 명이 몸을 앞으로 내밀고 내 얘기에 집중하기 시작했다. 인간은 일하기 위해 사는 게 아니라 살기 위해 일하는 것이라는 부분에서였다. 그러고 보면 학교를 졸업한 이후 하루 대부분을 일하면서 보내니 다들 일하기 위해 산다고 생각하는 것도 이상한 일은 아니다.

철학자 미키 기요시에 따르면 행복이 존재라면 성공은 과정이다. 성공하지 않아도 인간은 살아 있는 자체로 행복하다는 뜻이다. "인간은 살기 위해 일한다"라고 말할 때의 '산다'는 것 역시 '행복하게 산다'는 뜻이다. 즉, 인간은 행복하게 살기 위해 일하는 것이지 일하기 위해 사는 게 아니다.

그러나 더 정확히 말하면 인간은 행복하게 살기 위해 일하는 것도 아니다. 일하지 않아도 행복할 수 있기 때문이다. 물론 일할 때 가장 즐거운 사람도 있다. 그렇다면 이렇게 질문해 보자. 인간은 먹기 위해 일할까, 아니면 일하기 위해 먹을까?

이 질문에 "먹기 위해 일한다"라고 답하는 사람이라면 맛있는 음식을 먹을 때 가장 기쁘고 사는 보람을 느끼는 사람일 것이다. 마찬가지로 일이 즐거운 사람은 일하기 위해 산다고 주저 없이 대답할 것이다.

반대로 일에서 행복을 느끼지 못한다면 삶에서 일을 어떻게 정의해야 할지 한번 생각해 봐야 한다. 열심히 일하지만 삶이 고통스럽거나 일 생각만 하며 하루하루를 보내는 사람이라면 당장 일하는 방식을 재고해야 한다.

행복을 희생하면서까지 일하지 않으면 안 되는 이유가 있을까? 좋아하지도 않는 일을 먹고살기 위해 해야 한다고 생각하는가? 혹은 취미에 쓸 돈을 벌기 위해 고통을 감내하며 일을 계속하는 게 바람직할까?

삶에서 행복이 가장 중요하다는 점을 아는 사람이라면 인생 2막에는 다른 방식으로 일할 수 있다. 반드시 일해야 한다는 생각에 사로잡히지만 않는다면 일을 자유로운 관점에서 생각할 수 있고 이는 일을 하는 방식의 개선으로 이어진다. 현역 시절엔 일단 일을 해야 하니까 일의 의미를 생각하지 않아도 됐지만 퇴직 후에는 일의 의미를 스스로 생각해야 한다.

앞서 말한 기업 연수 강연의 또 다른 중요한 주제는 인간의 가치란 생산성에 있지 않다는 것이었다. 과거 수많은 장애인이 살상된 사건이 있었다. 장애인은 아무것도 하지 못하니 살 가치가 없다는 이유였다. 극단적인 예지만 여전히 아무것도 못하는 사람은 무가치하다고 여기는 사람이 적지 않다. 장애인 살상을 지지한 사람들이 있다는 게 그 범죄자의 변명이기도 했다.

생산성으로 인간의 값을 매기는 이들은 자신도 언젠가는 일을 못하게 된다는 생각을 하지 못하는 걸까? 하지만 한 번이라도 병원에 입원해 보면 그 가치관이 흔들릴 것이다. 혹은 주변에 병으로 쓰러진 사람이 있거나 나이 들어 약해진 자신의 몸을 느껴본 적이 있다면 잘 알 것이다.

결국은 생각을 바꾸게 된다. 정년퇴직으로 더는 일을 하지 않거나 계속 일한다 해도 일의 질과 양이 달라지면 생산적인 일을 하는 사람만 가치 있다는 생각을 버리지 않을 수 없다.

일의 본질은 공헌이다

우리는 뭘 위해 일할까? 나는 공헌을 위해 일한다고 생각한다. 일을 하면 공헌한다는 기분을 느낄 수 있고 공헌감을 통해 자신이 가치 있는 사람이라고 생각하게 되면 인간관계 안으로 들어갈 수 있다. 우리는 그 관계에서 가장 큰 행복을 느낀다. 이것이 일로써 우리가 행복해지는 과정이다.

공헌이란 나 자신은 내팽개치고 남을 위해서만 최선을 다한다는 의미가 아니다. 물론 기꺼이 자신을 희생해 타인을 구하려는 사람도 있다. 그런 행동을 부정할 생각은 없지만 그것이 멋있다고 해서 남들에게도 그렇게 하라고 말할 수는 없다. 아들러 심리학에서는 이를 '중성행동'이라고 한다.

이 책에서 말하는 공헌은 자신을 희생하며 고통을 감내하는 게 아니라 누군가에게 도움이 되고 세상에 쓸모가 있어짐으로써 일이 즐거워지는 걸 뜻한다. 내가 하는 일이 아무 도움도 되지 않는다면 아무리 많은 보수를 받는다 해도 행복해질 수 없다. 또 누군가에게 도움이 되기는커녕 누군가를 희생해 이익을 얻는 일이라면 행복을 느낄 수 없다.

물론 공헌감을 느낀다 해도 장시간 힘든 노동을 하면서 충분한 보수를 받지 못한다면 큰 문제다. 그래도 정말 중요한 것은 내가 좋아하는 일을 하고 있는지, 좋아하는 그 일로 공헌할 수 있는지 여부다. 그에 따라 매일의 삶이 달라진다.

지금 하는 일에 공헌감을 느끼지 못한다는 청년이 있었다. 수입은 많지만 자신이 하는 일이 사람들을 불행에 빠뜨린다고 했다. 그러거나 말거나 돈만 많이 벌

수 있다면 어떤 일이든 하겠다는 사람도 있지만 그는 그럴 수 없었다. 그래서 의사나 변호사로 진로를 변경하고 싶은데 그러려면 대학에 가야 한다고 고민을 털어놨다. 내가 입시 공부를 시작하는 방법밖에 없다고 하니 그는 그럴 수 없다고 했다. 매일 밤늦게까지 일하고 집에 돌아오면 책을 펴자마자 곯아떨어진다는 것이다.

만약 그 청년이 출세를 위해 의사나 변호사를 꿈꾼다면 공부가 힘겨워질 때 쉽게 포기할 것이다. 자기 자신 외에는 누구에게도 관심이 없기 때문이다. 오로지 자신만을 위해 공부한다는 뜻이다. 만약 그가 돈을 많이 버는 것 혹은 다른 사람에게 보이는 것이 중요해 의사나 변호사가 되려고 결심했다면 나 역시 다시 생각해 보라고 했을 것이다. 의사도 아니고 변호사도 아닌, 의사나 변호사 둘 중 하나라는 선택이 가능할 만큼 두 직업이 비슷하진 않기 때문이다. 이는 경제학부든 법학부든 어쨌든 이름 있는 대학에 들어가기만 하면 된다고 생각하는 학생과 다르지 않다. 경제학부를 졸업한 사람은 법학부를 졸업한 사람과 가는 길이 다르다.

내 친구는 40대 중반에 갑자기 회사를 나와 의학부에 입학했다. 다른 사람이 보기엔 성공 일로를 걸어왔지만 젊을 때부터 의사가 되고 싶기도 했거니와 의사로서 사회에 공헌하는 이들을 보고 큰 영향을 받아서였다. 결코 더 성공하기 위한 선택이 아니었다. 게다가 40대 중반에 진로를 변경하는 것이 쉬운 일도 아니다.

알베르트 슈바이처는 신학자이자 철학자, 오르가니스트였으나 별안간 아프리카행을 결심했다. 그는 30대에 학자와 예술가로 바쁜 생활을 하는 틈틈이 아프리카인을 돕기 위해 의학 공부를 했다. 그가 의대에 들어간 것은 의학적 관심보다 인도적 견지에서였다. 그에게 오르간을 가르친 샤를 마리 비도르(Charles-Marie Widor)는 주변에서 왜 슈바이처를 말리지 않았느냐고 비난받자 이렇게 말했다.

"신이 부른 모양이야. 신이 부른다는데 내가 뭘 할 수 있겠어?"

천직은 영어로는 콜링(calling), 독일어로는 베루프

(Beruf)로 둘 다 신의 부름을 받았다는 뜻이다. 내 친구 역시 사람들을 돕고 싶다는 열망이 없었다면 바쁘게 생활하는 와중에 의대 입시 공부까지 해내기 어려웠을 것이다.

이처럼 사명감을 갖고 자신의 일을 천직으로 여기며 일하는 사람은 의무감으로 일하는 사람과는 일하는 자세부터 다르다. 두 경우 모두 '일하지 않으면 안 된다'고 생각하지만 후자는 시키는 일이든 스스로 찾아하는 일이든 자발적으로 하지 않는다.

자기만 아는 엘리트는 세상에 해로울 뿐

의무감으로 하는 일이 재밌을 리 없다. 젊은 날부터 하고 싶은 일을 하며 기쁨을 느껴온 사람이라면 아무리 생계를 위해서라 해도 퇴직 후 계속 일하는 걸 기쁨으로 여기면 여겼지 '하지 않으면 안 되니 한다'고는 생각하지 않을 것이다.

그런데 일을 의무감으로 하는 사람이나 꼭 의무감은 아니어도 당연히 해야 하는 것으로 여겨 일이 생활의 중심이 되는 사람이 있다. 이 차이는 대체 어디서 오는 걸까?

어떤 종류의 공부든 중도에 포기하지 않고 계속할 수 있으려면 재미를 느껴야 한다. 공부가 재밌는 사람에게 몰랐던 사실을 아는 건 가슴 설레는 일이다. 우리 모두가 어린 시절엔 배움의 기쁨을 알았다. 왕성한 호기심으로 궁금한 건 뭐든 부모에게 묻거나 아니면 스스로 찾아보기도 했다.

더는 공부가 재밌지 않은 어른이 많지만 여전히 시험공부까지 즐기는 사람도 있다. 떨어지는 사람이 있다는 점에서 시험도 결국 경쟁이지만 공부가 재밌는 사람은 남을 이기겠다는 생각으로 시험공부를 하진 않는다.

매년 도쿄대학교와 교토대학교에 많은 합격자를 배출하는 중고일관교(中高一貫校, 중학교와 고등학교가 연결돼 운영되는 학교 - 옮긴이)에서 강연을 한 적이 있다. 학생들은 학교에 입학함과 동시에 도쿄대학교를 갈지 교토대학교를 갈지가 주요 화제라고 했다. 정작 뭘 공부하느냐는 고민하지 않았다. '결국 학교 간판만이 중요한 건가' 하는 생각을 지울 수 없다.

의사를 꿈꾸는 학생이라면 왜 공부해야 하는지 자명하다. 하지만 뭘 위해 의사가 되려는지는 생각해 보지 않았을 수도 있다. 의학부에 들어가 졸업한 후 국가고시에 합격만 하면 의사가 될 수 있다는 생각 외에 다른 생각은 하지 않고 오로지 입시 공부만 하는 것이다.

한 수험생 부모에게 대체 뭘 위해 아이에게 공부를 시키느냐고 물은 적이 있다. 공부는 아이의 과제이니 부모가 함부로 간섭해선 안 된다고도 말했다. 그러자 대학 입시 전까지 아이 마음이 흔들리면 안 되는데 쓸데없는 말을 들어 난처하다는 반응이 돌아와 무척 놀랐다.

이런 사람에게 공부란 대학에 들어가기 위한 수단에 불과할지 모른다. 의학 공부는 입시 공부보다 훨씬 중요하고 어렵다. 훌륭한 의사가 되기 위해서는 국가고시만 잘 보면 되는 게 아니라 전공 분야를 깊이 연구해야 한다. 시험에 붙고 나서 훨씬 더 많이 공부해야 하는 것이다. 이때 자신의 일이 어떤 의미에서 세상에 공헌하는지 생각할 수 있어야 의지와 열정을 갖고 공부할 수 있다.

회사원도 마찬가지다. 공헌한다는 느낌이 없다면 계속 일할 수 없다. 공헌감은 양으로 헤아릴 수도 없고 남들이 알 수도 없다. 어릴 때부터 공헌할 기회가 있었던 사람이라면 공헌감이 뭔지 설명하지 않아도 안다. 반대로 한 번도 공헌해 본 적 없는 사람에게 이를 설명하기란 매섭게 추운 겨울날 한여름의 무더위를 실감시키는 것만큼 어렵다.

고등학교 3학년 수험생 중에는 집에서 손 하나 까딱않는 아이도 적지 않다. 부모는 아이에게 "넌 공부만하면 돼. 그게 효도하는 거야"라며 집안일 면제 특권을주고 시험 날짜가 다가올수록 텔레비전 음량을 줄이고말소리를 낮춘다. 종기에 손을 대듯 조심스럽다. 하지만 이런 식으로 공부하는 것으로 특권을 누린다고 착각하는 사람이 되면 사회에 나가서도 자기밖에 생각하지 못한다.

전철에서 내리는 사람을 기다리지 않고 문이 열리자마자 냅다 올라타려던 초등학생을 본 적이 있다. 아이는 학원에 가는 길이라 얼른 자리를 잡고 앉아 숙제를 하지 않으면 안 됐을 것이다. 나는 그 아이가 바로 열차 안에 들어가지 못하도록 진로를 방해했다.

자기밖에 모르고 남을 생각하지 못하는 사람은 아무짝에도 쓸모가 없다. 재능이 있다면 그 재능을 다른 사람을 위해 쓰길 바란다. 자신에게만 관심 있는 엘리트는 세상에 해로운 존재일 뿐이다.

공헌을 착취하는 현실에서

공헌은 어디까지나 나 자신의 문제다. 다시 말해 공헌감은 스스로 느끼는 것이지 그것을 사회가 강요하는 것은 잘못됐다. 아들러는 이를 '공헌감의 착취'라고 했다. 공헌하고 싶어 하는 사람의 선의를 악용한다는 뜻이다. 타인에게 관심이 있는 사람은 공헌을 기쁨으로 느끼기 때문에 강요하지 않아도 기꺼이 일하려 한다. 그런 이들을 악용해선 안 된다.

자신이 공헌하고 있다고 느끼는 것도 중요하지만 공헌한다는 의식조차 없이 자신이 하는 일에 기쁨을 느끼는 것이 더 바람직하다고 생각한다. 자신을 위해 하는 일이 결과적으로 다른 사람에게도 도움이 된다면 공헌이라는 말에 거부감을 느끼는 사람이라도 이를 받아들일 수 있을 것이다.

일을 함으로써 공헌감을 느끼는 사람이라면 퇴직 후 그동안의 경력과 지위로는 상상도 못할 일을 하게 돼도 불만스러워하지 않는다. 물론 인생 2막에 시작하는 일이 경력을 살릴 수 있는 일이라면 더할 나위 없이 좋을 것이다.

기업에서 정년을 맞은 사람에게 본인이 바라지도 않는 일을 주거나 급여를 대폭 삭감하는 건 잘못된 일이다. 그런 결정을 내리는 사람들은 사회를 위해서라고 말하겠지만 훗날 자신이 연장 고용됐을 때도 똑같은 취급을 받으리라는 생각까지는 하지 못한다. 공헌감을 착취하고 있다는 생각은 더더욱 하지 못한다.

현실을 개혁하려는 노력은 정년을 맞이하는 사람뿐 아니라 현직에 있는 사람도 하지 않으면 안 된다.

아무것도 이루지 않아도 괜찮다

목표는 미래의 것이 아니라 '지금 여기'의 것이다. 고가 후미타케(古賀史健)와 공동 저술한 《미움받을 용기》에서 나는 공헌을 '길잡이 별'이라고 표현했다. 여행자가 길을 갈 때 지표로 삼는 북극성이 길잡이 별인데 이별만 잃어버리지 않으면 길을 헤매지 않고 목적지에 도착할 수 있다.

길잡이 별은 우리가 일을 하거나 공부를 하거나 인생을 살 때 지금 뭘 위해 살고 있는지 목적을 잃지 않도록 방향을 잡아준다. 그리고 그 별은 아득한 저편에 있는 게 아니라 바로 우리 머리 위에 있다. 목표를 이루지 못해도 이렇게 살아서 일하는 자체가 공헌이라는 뜻이다.

이 말은 아무 목표가 없어도 된다는 소리가 아니라 하루하루 하는 일이 오직 목표를 달성하기 위한 게 아니어도 된다는 뜻이다. 성공만이 일의 목표가 되면 성공하지 못했을 때 일하는 의미를 잃고 일상에서 공헌감을 느끼지 못한다. 그렇게 정년을 맞으면 결국 자신에게 가치가 있다는 생각을 하지 못한다.

미키 기요시의 말대로 성공은 과정이다. 성공은 뭔가를 달성해야 한다. 하지만 행복은 존재다. 뭔가를 이뤄야 하는 게 아니다. 자신이 한 일이 어떤 형태로든 타인에게 전해진다는 사실을 알면 일에 보람을 느낄 수 있다.

하지만 그런 경우는 흔치 않다. 나는 책을 많이 썼지만 내 책을 읽은 사람과 직접 만나 대화해 본 경험은 많지 않다. 판매 부수는 얼마나 많은 사람 손에 내 책이 전해졌는지 보여주지만 많이 팔렸다고 해서 공헌감으로 직결되진 않는다. 나는 단 한 명이라도 필요한 사람에게 내 책이 전해져 그의 인생을 바꿀 수 있다면 좋겠다고 생각하며 책을 쓴다. 하지만 베스트셀러를 목표로 한다면 그저 성공해서 세상의 인정을 받고 싶어 책을 쓰는 것일 뿐이다.

그런데 일하면서 공헌감을 느끼던 사람은 일을 하지 못하게 되면 공헌감을 전혀 못 느낄까? 생각해 봐야 할 문제가 여전히 많다.

4장

새로운 관계를 위해

모든 기쁨은 인간관계에서 온다

모든 고민은 인간관계에서 비롯된 고민이라는 아들러의 말처럼 인간관계는 고통과 불행의 근원이다. 가족과 함께 살면 즐겁지만 그들에게 맞추지 않으면 안 된다. 그 스트레스 때문에 혼자 지내는 생활에 더 만족하는 사람도 적지 않다.

기쁨과 행복은 관계에서만 느낄 수 있는 감정이다. 그렇다고 누군가와 꼭 함께 살아야 한다거나 반드시 결혼해야 한다는 뜻은 아니다. 인간은 관계 속에서 살아간다는 게 모든 이야기의 출발점이라는 뜻이다. 또 두려움 때문에 인간관계 속으로 들어가지 않으려는 사람이라도 관계 맺기를 바라는 건 똑같다.

설령 관계 맺기가 두렵고 골치 아파 고독하게 산다 해도 다른 사람들과 완전히 단절된 채 살 순 없다. 고독이야말로 타인의 존재를 전제로 한다. 이 세계를 정말로 혼자 살아간다면 고독이란 존재하지 않는다.

당연한 말이지만 인간관계가 항상 좋을 순 없다. 그러나 관계를 회복하고 개선하려는 노력이 사는 기쁨이 되기도 한다. 가령 연애 시절엔 매일 함께 지내는 게 아니라 같이 살면 즐거운 일만 생길 것 같지만 막상 결혼해서 살면 서로에게 좋은 면만 보여줄 수가 없다. 매일 얼굴을 맞대고 생활하다 보면 필연적으로 부딪히게 된다. 그렇다고 당장 이혼해 버리진 않는다.

인생 2막에 대한 불안에는 새로운 관계 맺기도 한몫을 할 것이다. 한 번도 경험해 본 적 없는 일에 불안을 느끼는 건 당연하다. 하지만 앞으로의 인간관계가 원만하지 못하리라고 단정할 필요가 있을까?

낯설고 귀찮고 고통스럽던 관계가 기쁨으로 느껴지

는 날도 있을 테고 그동안 맺어온 관계가 더 좋아지기도 할 것이다. 필요한 일은 두려워하는 것이 아니라 준비하는 것이다.

적인가 친구인가

우리가 '사회'라고 칭하는 것이 실제로 의미하는 바
는 인간관계다. 아들러는 이를 '공동체'라고 불렀다.
공동체의 최소 단위는 나 그리고 너다. 아들러는 나와
너의 관계에서 공동체가 시작돼 우주까지 확대된다고
말했다.

우리는 우주라는 공동체의 일원이고 국가와 지역사
회 그리고 가정이라는 공동체에도 소속돼 있지만 자
신이 소속된 곳이라고 하면 직장부터 떠올리는 사람이
많다. 하지만 퇴직 후엔 회사라는 공동체가 없어진다.

상실감이 크겠지만 이젠 가정과 지역사회에서 자신이 있을 곳을 찾아야 한다.

만약 부모와 함께 사는 사람이라면 퇴직 후 늙은 부모와의 관계도 진지하게 생각해 보지 않으면 안 된다. 지역사회에서의 인간관계는 큰 문제가 되진 않을 것이다. 문제는 일로 맺었던 관계의 상실이다. 혼자 살든 가족과 함께 살든 직장에서의 인간관계가 끊어지면 다른 곳에서의 인간관계도 달라질 수밖에 없기 때문이다.

그렇다면 '관계를 맺는다'는 건 어떤 의미일까? 아들러는 '친구'라는 말을 썼다. 친구의 어원이 독일어로는 'mitmenschen'인데 사람(menschen)과 함께 있다(mit), 이어져 있다는 뜻이다. 만약 타인을 어려울 때 도와줄 친구로 생각하지 못한다면 타인과 나는 연결돼 있는 게 아니다. 아니, 대립하고 있다고 여기게 된다. 타인을 친구가 아니라 적으로 간주하는 것이다. 독일어로 적은 'gegenmenschen'으로 사람이 대립한다(gegen)는 뜻이다.

타인을 적으로 간주하면 그는 틈만 나면 나를 속이려고 드는 위험한 존재로 보인다. 특히 승진 경쟁이 치열한 직장을 다녔다면 감정적으로 싫지 않은 사람도 타인인 이상 적이 된다. 일에서 별 의미를 찾지 못한 사람이라면 일적으로 관계있는 사람과 대립할 만큼 깊이 엮인 적이 없을지도 모르지만 정도야 어떻든 만나는 사람마다 친구인지 적인지 따지며 사는 사람이 적지 않다.

이런 사람은 집에서는 가족, 지역사회에서는 이웃이 친구인지 적인지 확인하려 들고 부모나 자녀, 배우자의 가족을 적으로 볼지도 모른다. 설령 적으로까지 보진 않더라도 친구로 보지 못한다면 가족과 동등한 관계라고 볼 수 없다. 서로 연결돼 있다고 느끼는 관계, 힘들 때 도와줄 거라 믿을 수 있는 관계가 되려면 상대를 동등하게 바라봐야 한다. 동등하지 않은 사람을 친구라고 생각하는 사람은 없다.

인생 2막에선 최소한의 인간관계만 맺는다 해도 그동안의 수직적 상하 관계와는 다른 방식이어야 한다.

그리고 인간관계 속으로 들어갈지 말지, 들어간다면 어떤 방식일지, 즉 가까이 지낼지 거리를 둘지 스스로 결정해야 한다.

직장에서는 존경받는 상사,
집에서는 왕따?

인간관계를 맺는 법은 어느 관계에서나 기본적으로 같다. 업무 관계라도 그 기저에는 교우 관계가 있기 때문이다. 물론 아무리 싫은 사람도 유능하다면 같은 프로젝트 팀에서 일할 수 있다. 누구와 함께 일하느냐가 중요한 문제이긴 하지만 상사든 부하 직원이든 같이 일하는 상대가 유능하길 바라기 때문이다. 그러나 어떤 일도 인간관계와 완전히 분리해 생각할 수 없다. 정직하고 친절한 고객 응대나 동료와의 조화와 협력 역시 일하는 능력 중 하나다.

물론 일은 못하지만 동료들과 잘 지내면 좋은 사람으로 평가받던 시대는 지났다. 동료와 조화롭게 지내고 잘 협력한다는 건 자기 일을 제대로 해내는 것, 팀원들과 함께 일한다는 사실을 잊지 않는 것, 성과를 자신만의 공으로 돌리지 않는 것, 일터에서 개인 감정을 드러내지 않는 것 등 일하면서 당연히 지켜야 할 선을 잘 지킴을 말한다. 그리고 팀원 중 한 명이라도 이 선을 지키지 않으면 일이 재미없어진다.

인간관계에서 역시 인품과 일을 따로 떼어 생각할 수 없다. 영업을 하는 사람이 고객과는 좋은 관계를 맺으면서 동료와는 그러지 못하는 일은 있어선 안 된다. '이 사람과는 일로 맺어진 관계니 친구가 되지 않아도 돼' 하고 스스로를 애써 타이르며 일해야 한다면 업무 관계와 교우 관계를 따로 떼어 생각한다는 증거다. 반대로 누군가와 함께하고 싶어서 같이 일하고 있다면 업무상 역할을 뛰어넘어 인간으로서 관계를 맺고 있다는 증거다. 역할 가면을 벗고 인간적인 관계 속에서 함께 일하는 상대를 동등하게 보는 것이다.

직책에 연연해 역할 가면을 벗지 못한 사람은 직장에서 교우 관계를 맺지 못하고 어영부영 시간을 보낸 사람이다. 더는 가면이 필요 없어졌을 때도 가면을 벗지 못하고 상하 관계를 고집한다. 그래서 사람들이 꺼려하지만 정작 본인은 새로운 인간관계에 받아들여지지 못하는 이유를 알지 못한다.

가정에서도 마찬가지다. 직장에서 존경받는 상사가 집에서는 따돌림을 당하는 일은 본래 있을 수 없다. 아마 그렇게 되기까지의 역사가 길 것이다. 퇴직 전에도 상하 관계를 고집하며 부모 혹은 남편의 역할 가면을 벗지 않고 살아왔을 가능성이 크다.

직장에서는 업무 관계 속에서만 사는 게 가능했을지 몰라도 퇴직하면 누구하고든 교우 관계를 맺어야 한다. 그러니 교우 관계 맺는 법을 모르는 사람은 곧 곤란해질 수밖에 없다.

그런데 교우 관계라고 해도 관계의 깊이는 다 다르다. 이웃이나 먼 친척과의 관계는 업무 관계가 아니니 교우 관계에 해당하지만 그렇다고 친구는 아니다.

가장 깊은 교우 관계란 배우자와의 관계일 것이다. 그러나 그렇기 때문에 좋은 관계를 맺기가 더 어렵다. 전 같으면 회사나 일이 사이에 낀 혹은 일이 더해진 관계였겠지만 일을 그만두면 이제 배우자와 직접 마주하지 않으면 안 된다. 이를테면 휴일에 어떻게 시간을 보낼지, 자녀 교육은 어떻게 할지 같은 문제에서 전에는 일을 고려해야 했다. 일이 바빠 여행을 갈 수 없다거나 일 때문에 신경 쓸 여력이 없으니 교육은 배우자에게 전적으로 맡긴다는 식으로 말이다.

하지만 이젠 배우자나 자녀와의 관계를 피하기 위해 일 핑계를 댈 수 없다. 집에서 짜증이 나도 일 탓으로 돌리거나 일터로 도망갈 수 없다. 직장에서의 관계는 선을 긋고 업무 관계만 유지하는 것도 가능하지만 가정에서는 불가능하다. 교우 관계가 원만하지 않으면 아예 관계를 맺을 수 없다. 퇴직으로 배우자와 마주하게 되면 그동안 미뤄뒀던 두 사람의 관계가 분명하게 보일 것이다.

이는 두 사람의 관계를 위태롭게 할 수 있다. 하지만

원점에서 새로이 관계를 맺을 수 있다면 관계는 좋아질 것이다. 모든 관계가 그렇듯 처음부터 좋을 수는 없다. 관계를 위해 노력하고 그 과정에서 두 사람 사이에 다시 일이 끼어들지 않는다면 분명 관계는 좋은 방향으로 나아갈 것이다.

동등한 관계를 맺는 가장 쉬운 방법

여러 번 강조했듯이 인간관계를 맺으려면 일단 상대를 동등한 존재로 바라봐야 한다. 그러려면 어떻게 해야 할까? 인간은 존재 자체로 가치 있다고 생각해야 한다.

밖에서 돈을 버는 사람과 안에서 집안일을 하는 사람의 가치는 다르지 않다. 그런데 대부분의 남성은 집안일을 면제받으며 살아왔다. 어떤 남성이 출장 때마다 그 준비를 아내에게 맡긴다거나 ATM기도 혼자 이용할 줄 모른다는 말을 듣고 놀란 적이 있다. 이제 자기 일은 자기가 알아서 챙기고 집안일도 해야 한다. 어느 날 어느 때 배우자를 먼저 보낼지 알 수 없기 때문이기도 하다.

가정에서의 역할은 성별로 나뉘지 않는다. 각자가 잘하는 일을 하면 된다. 자신에게 특권이 있다고 생각하는 사람은 어린 시절 응석을 부리며 자라 자신이 가정의 중심이라고 생각하는 경향이 있다. 하지만 공동체에 자신의 자리가 있다고 느끼는 것과 자신이 공동체의 중심에 있다고 생각하는 건 전혀 다른 문제다.

이런 자기중심성에서 벗어나기 위해서는 내가 타인의 기대를 만족시키기 위해 사는 존재가 아니듯이 가족이 내 욕구와 기대를 채워주기 위해 사는 존재가 아니라는 점 또한 인정해야 한다. 직장에서는 미움받을 짓을 해도 자기 자리가 있었을지 모른다. 하지만 가정에서 그랬다가는 누구에게도 아무 존재도 되지 못한다.

자기중심성에서 사랑으로

그러면 어떻게 해야 자기중심성에서 벗어날 수 있을까? 타인을 사랑하면 점차 자기중심성에서 해방된다. 누군가를 사랑하기 시작하면 알게 되는 게 두 가지 있다.

내가 누군가를 사랑한다고 해서 그가 받아준다는 보장은 없다는 것. 그 경험을 통해 비로소 이 세계엔 내 뜻대로 되지 않는 타인이 존재함을 깨닫는다. 이것이 첫째고, 둘째는 그럼에도 불구하고 그가 적이 아닌 친구임을 알게 되는 것이다.

모든 인간은 연결돼 있다. 아이는 엄마의 보살핌 없이 살아갈 수 없다. 아이를 키우는 엄마는 남편의 도움을 받는다. 남편은 곤히 자는 아이를 보며 지친 심신을 달랜다. 처음에 아이는 사랑을 받을 뿐이었지만 머지 않아 부모를 사랑하는 법을 배운다. 부모를 위해 그림을 그리거나 편지를 쓰거나 선물을 한다.

하지만 사랑하는 법을 배우려면 크게 성장해야 한다. 아이는 아무것도 하지 않아도 사랑받지만 부모와 주변 사람을 사랑하기 위해서는 의식적인 결단을 해야 하기 때문이다. 응석만 부리며 자란 아이는 어른이 돼도 다른 사람을 사랑하지 못한다.

어른의 경우 상대에게 거절당했다고 바로 마음을 거둬들인다면 그건 정말로 사랑하는 게 아니다. 그런 사람은 사랑을 받고 싶은 것뿐이다. 설령 마음을 받아주지 않는다 해도 정말로 사랑한다면 이 사람이 내게 뭘 해줄 수 있는지 따지는 게 아니라 내가 이 사람을 위해 뭘 할 수 있을지 생각한다.

인생 2막에서는 배우자나 늙은 부모와 마주하게 된

다. 그 관계는 사랑의 관계다. 면역학자 다다 도미오(多田富雄)의 《과묵한 거인(寡黙なる巨人)》에는 그가 뇌경색으로 쓰러진 후 목소리를 잃고 오른쪽 몸이 불구가 됐을 때 열심히 재활 훈련을 하던 어느 날 아내를 떠올리며 쓴 문장이 있다.

● '그래, 동행해 줄 사람이 한 사람 더 있지 않은가. 그러니 살아보자' 하고 나는 생각했다.

이런 깨달음은 병들었을 때만 찾아오는 게 아니다. 직장에 다니고 육아를 할 때는 서로 바빠서 느긋하게 대화할 시간이 없던 부부도 인생 2막을 맞이하면 관계가 달라진다. 대부분의 남편은 직장에서처럼 상하 관계를 유지하려 하고 아내는 그런 남편에게 질린 나머지 이혼을 고려한다. 하지만 아내를 동등한 친구로 여기고 지금까지 어떻게 살았든 새로운 관계를 맺는다면 인생 2막은 달라질 것이다.

직장에서는 치열하게 경쟁하느라 상대를 아들러가

말하는 친구로 보기 어려웠다 해도 인생의 새로운 국면에 접어든 후 다시 맺는 배우자나 늙은 부모와의 관계는 교우 관계이자 나아가 사랑의 관계다. 성숙한 사랑의 관계 속에 살길 원한다면 지금부터 좋은 인간관계를 만들려는 노력을 해야 한다.

혼자 있다고 고독한가

요즘 젊은이들이 고독사를 두려워한다는 얘기를 듣고 놀란 적이 있다. 앞으로 살날이 그리 많지 않은 게 상 상이 아닌 현실이 됐을 때 고독사를 두려워하는 건 조 금도 이상하지 않다. 배우자가 언제 먼저 떠날지 모른 다는 두려움에 사로잡히는 사람도 있다.

그런데 아직 오지 않은 미래, 단적으로는 '없는' 미 래를 두려워해봤자 별 의미가 없다. 일어날 일은 일어 날 테고 일어나지 않을 일은 일어나지 않는다.

난치병을 앓는 남편을 간병하는 여성이 찾아와 의

사가 반드시 병이 재발한다고 했다며 앞으로 어떤 마음가짐으로 살면 좋으냐고 물은 적이 있다. 그러나 정말로 재발을 할지, 그날이 언제일지는 의사도 정확히 모른다. 그러니 그날이 오는 게 두려워 함께 지내는 오늘의 기쁨을 헛되이 해서는 안 된다고 대답했다.

배우자와 사별했을 때 그 외로움과 고독을 피하려면 부정적인 감정이 파고들 수 없도록 한가한 틈을 만들지 말라는 조언을 본 적이 있다. 기껏 일을 그만두고 자유로운 시간을 누릴 수 있게 됐는데 다시 아등바등 뭔가를 해야 한다는 소리 아닌가. 우리가 해야 할 일은 장래를 생각하지 않아도 될 만큼 매일을 충실히 사는 것뿐이다. 이에 대해서는 뒤에서 자세히 살펴보기로 하자.

혼자 있으면 반드시 고독할까? 두 사람이 서로 사랑하면 자연히 함께 있고 싶어진다. 그렇다고 늘 함께 있어야 한다면 그게 더 이상하지 않을까? 그건 의존이지 사랑이 아니다. 혼자 살 수 있지만 두 사람이라 더 즐거울 수 있어야 진정한 의미의 자립이다.

사랑하는 한 삶은 지속된다

미키 기요시는 《인생론 노트》에서 이렇게 말했다.

● 　사랑하는 사람, 친한 사람이 하나둘씩 죽어가니 죽음
　의 공포가 오히려 희미해진다.

언젠가 텔레비전에서 아내를 잃고 슬픔에 빠진 70대
노인을 본 적이 있다. "일이야 어떻게 되든 상관없었는
데"라며 후회하는 그의 모습에서 아내를 각별히 사랑
했음을 알 수 있었다. 어쩌면 그는 이제 죽는 게 두렵

지 않을 것이다. 분명한 건 살아 있는 한은 죽은 아내와 결코 만날 수 없지만 죽으면 아내를 만날 수 있을지도 모른다는 희망을 가질 수 있다는 점이다.

미키 또한 같은 책에서 다음과 같이 말했다.

● 아내와 재회할 수 있는(물론 이는 내 가장 큰 희망이다) 방법은 죽는 것 말고는 없을 것이다. 내가 100만 년을 산다 해도 이 세상에서는 다시 만날 수 없다. 그 가능성은 0이다.

물론 저세상에서 사랑하는 사람을 정말 만날 수 있을지는 아무도 모른다. 그래도 이 세상과 저세상 둘 중 하나에 내기를 걸어야 한다면 저세상에 거는 수밖에 없다고 미키는 말한다. 나도 그렇게 생각한다.

미키의 아내는 병으로 일찍 세상을 떠났다. 그는 세상을 떠난 아내를 떠올리며 추억에 잠겼을 것이다. 죽은 사람은 이제 볼 수도, 들을 수도, 만질 수도 없다. 하지만 죽은 사람을 회상할 때는 살아 있을 때와 다름없이 거기 있다고 느낀다. 그때 미키는 아내가 영원한 삶을 살리라고 확신했을 것이다.

미키는 말한다.

- 진정 사랑하는 것이 있다면 그것은 내 영원한 삶을 약속한다.

5장

행복한 존재가 되기 위해

지금 살고 있는 인생만이 인생

누군가 인생 설계를 한다면 그는 삶을 멀리까지 내다볼 수 있다고 생각하는 것일 테다. 하지만 웬만큼 산 사람이라면 미래는 내 뜻대로 되지 않고 예측도 불가능하다는 사실을 안다. 젊을 때는 여러 번 좌절을 겪어도 남은 인생을 장밋빛으로 그릴 수 있다. 현실이 어떻든 빛나는 미래가 기다리고 있다고 믿을 수 있다. 하지만 인생 2막은 희망만 갖고는 살기 어렵다. 늙은 아버지가 어느 날 내게 말했다.

"아무리 생각해도 앞으로 남은 생이 더 짧구나."

살날이 얼마 남지 않았다고 생각하면 인생 설계를 해봤자 의미 없다고 느낄 수 있다. 반대로 인생 설계를 하면서 살날이 얼마 남지 않았음이 더 명확해지기도 한다. 인정하고 싶지도 않다. 하지만 인생을 설계하고 미래를 계획해 봤자 뜻대로 되지 않는 건 젊을 때나 나이 들었을 때나 마찬가지다. 그래서 어떤 이에게 인생 설계를 그만두면 어떻겠냐고 권한 적이 있다.

내가 인생 설계를 권장하지 않는 이유는 앞날을 알 수 없기 때문이기도 하지만 계획을 세우면 '지금'이 그저 미래를 위한 준비 기간이 되기 때문이다. 뭔가를 달성하든 하지 않든 인간은 지금 여기에서만 살 수 있는데 말이다.

아리스토텔레스는 두 종류의 움직임을 구별했다. 하나는 키네시스(kinesis)라는 운동이다. 이 운동에는 시작점과 종착점이 있어서 최대한 효율적이지 않으면 안 된다. 어딘가 도달하기 위한 운동이라 도중에 중단되면 불완전한 것이 된다. 마라톤을 상상하면 쉽게 이해가 될 것이다. 또 하나는 에네르게이아(energeia)라는 운동이다. 우리가 춤을 추는 건 어딘가에 도달하기 위해서가 아니다. 음악이 끝나면 춤도 끝나며 지금 여기서 춤을 추며 즐기는 그 순간만이 의미가 있다.

그럼 산다는 건 무엇과 닮았을까? 그렇다. 에네르게이아다. 효율적으로 산다고 해도 아무 의미가 없다. 누구나 반드시 죽음에 도달하기 때문이다. 효율적으로 산다는 건 최대한 빨리 죽는다는 뜻이다. 빨리 죽고 싶어서 사는 사람이 어디 있을까?

계획을 세우고 목표를 달성하는 게 인생이라고 생각하는 사람 또한 최대한 효율적으로 살려고 한다. 그런 사람은 쓸데없는 짓을 하거나 길을 돌아가는 걸 아주 싫어한다. 하지만 목표를 달성하려는 순간순간이 모여 삶을 이룬다고 한다면 인생에서 쓸데없는 짓은 하나도 없다. 길을 빙 돌아갈 때도 우회하는 게 아니라 지금 걷는 이 길밖에 없다고 생각하면 삶을 대하는 자세도 달라진다.

지금은 장래의 목표를 달성하기 위한 준비 기간이 아니다. 원하는 학교에 들어가지 못해 재수를 하든 학교에 가지 않고 집에서 지내든 지금 사는 이 인생만이 인생이며 지금이라는 시간은 준비 기간도 재활 기간도 아니다. 지금 사는 인생이 본편이다. 그리고 인생 2막이 시작되면 그 본편은 쭉 계속된다.

누구나 행복을 꿈꾸지만

인생의 어떤 시기도 다른 시기와 비교할 수 없다. 더 가치가 있느니 없느니 따질 수도 없다. 어느 시기에 '불우한' 인생을 보냈다 해도 그건 세상의 기준으로 그 시기를 보기 때문이다.

끝이 좋으면 다 좋다고 생각하는 사람도 있다. 젊을 때 별다른 주목을 받지 못하고 중장년이 돼서도 직장 생활이 행복하지 않았던 사람이 인생 2막에서 빛나는 삶을 살면 과거도 다르게 색칠된다. 하지만 나는 그렇게 생각하지 않는다.

인생의 마지막으로 한 인생을 판단한다면 오이디푸스(자신의 부모인 줄 모르고 아버지를 살해한 뒤 미망인이 된 어머니와 결혼했다 - 옮긴이)의 인생은 끝이 나빴으니 모든 게 나빴을까? 끝만 좋으면 된다고 생각하는 사람은 성공을 선(善)으로 여긴다.

소크라테스는 나라에서 믿는 신을 믿지 않았는데 이것이 젊은이들에게 해악을 끼쳤다는 죄목으로 고소를 당하고 사형선고를 받았다. 인간이 사상과 신념 때문에 목숨을 빼앗긴다는 건 당시에도 충격적인 사건이었을 것이다. 하지만 소크라테스의 사상이 지금까지 전해 내려온 이유는 그가 사형을 당해서가 아니라 평생 사람들 앞에서 설파한 그의 철학에 동의하는 사람이 많았기 때문이다.

그리스 7현자 중 한 명인 솔론(Solon, 고대 그리스 아테네이의 정치가, 입법자, 시인으로 위기에 빠진 아테네를 구해낼 개혁을 수행했다 - 옮긴이)은 "인생을 사는 한, 인간은 누구도 행복하지 않다"라고 말했다. 물론 살면서 고통을 피할 수 있는 인간은 없다. 하지만 언제든 인간은 행복할 수 있다. 뭔가를 달성하든 달성하지 않든 행복은 그런 것과는 전혀 관계가 없기 때문이다.

젊을 때는 많은 사람이 성공을 꿈꾼다. 하지만 어느 순간부턴가 자신이 꿈꾸는 성공을 실현하기 어렵다는 사실을 깨닫는다. 이때 행복해지는 방법은 간단하다. 성공을 인생의 목표로 삼지 않으면 된다. 성공하기 위해선 뭔가를 달성하지 않으면 안 되지만 행복은 지금 이대로 충분한 것이다.

키네시스는 종착점에 도달하지 않으면 불완전한 운동이다. 전철이 사고로 인해 목적지에 도착하지 못하고 꿈쩍도 하지 않는 경우를 예로 들 수 있다. 성공은 키네시스에 해당된다.

반면 에네르게이아는 춤처럼 순간순간 완성된다. 인생은 춤과 같아서 어딘가에 도달하지 않아도 지금 이곳의 행복이 전부다.

미키 기요시는 성공이 양적인 것이라면 행복은 질적인 것이라고 말했다. 예를 들어 승진은 성공일까, 행복일까. 급여가 많아지니 성공으로 볼 수도 있다. 하지만 이는 승진의 단면만 본 것이다. 세상에는 승진을 바라지 않는 사람도 있다.

교사는 모두 교감이 되고 교장이 되길 바랄 것 같지만 누구나 그렇지는 않다. 학생들을 가르칠 기회가 줄어들기 때문이다. 교사가 되고 싶어 교직 이수를 하고 어렵게 임용 시험을 통과했는데 가르칠 기회가 사라지면 대체 뭘 위해 교사가 된 건가 싶어진다. 나 역시 오랜 세월 교사로 일하며 가르치는 기쁨을 느꼈다. 그 기쁨은 양적인 성공이 아니라 질적인 행복이다. 그래서 여전히 교단에 서는 친구들이 아주 많다. 정년 이후 전처럼 일하는데도 급여가 절반밖에 안 되는 건 문제지만 가르칠 기회가 있을 때가 행복한 것이다.

그러나 초심을 잃고 승진을 꿈꾸면 다른 교사들과 경쟁해야 한다. 그러다 꿈을 이루지 못하면 일할 의욕을 잃고 만다. 기업도 마찬가지라서 현장 실무를 좋아하던 사람이 관리자가 되고 싶어 한다. 물론 처음 했던 일과는 다른 일에 관심이 옮겨간 것일 수도 있다. 그러나 일 자체에 기쁨을 느끼던 사람이 승진을 생각하기 시작하면서 인생의 목표가 행복에서 성공으로 옮겨간 건 아닐까.

그런 사람이 정년을 맞으면 승진은커녕 회사까지 잃게 된다. 이제 문제는 승진이 아니라 삶의 가치를 찾을 수 있는지 없는지가 된다. 현역 시절과는 완전히 다른 일을 하게 될 수도 있다. 그러나 성공이 아니라 행복을 목표로 살아온 사람이라면 그 일에서 역시 기쁨을 느낄 수 있다. 그런 사람이 아니라면 행복을 목표로 살기로 결심한다 해도 어떻게 해야 할지 모른다.

사실 우리는 늘 행복을 꿈꿔왔다. 인간이라면 누구나 행복하게 살길 바란다는 것이 그리스철학의 사상이다. 하지만 행복이라는 소망은 다 같아도 그 방법에 대해서는 생각이 일치하지 않는다. 성공은 궁극적인 목표가 아니라 행복해지기 위한 수단일 뿐이다. 다만 성공이 행복으로 이어지느냐는 별개의 문제다.

로마 황제 마르쿠스 아우렐리우스는 《명상록》에서 다음과 같이 말했다.

● 더할 나위 없이 멋진 삶을 살고 싶다면 선악무기에 무관심하라. 그러면 내면에서 그 힘이 나올 것이다.

선악무기(善惡無記)란 그 자체로는 선도 악도 아니라는 뜻이다. 아우렐리우스는 《명상록》을 그리스어로 썼는데 그리스어에서는 선악이라는 말에 도덕적인 의미가 없다. 그저 득이 된다, 득이 되지 않는다는 뜻이다. 가령 재산, 지위, 성공, 건강은 좋은 것도 아니고 나쁜 것도 아니다. 언제 잃을지 누구도 알 수 없다. 병에 걸리거나 부모를 잃는 등 보통은 나쁘다고 느껴지는 것도 그 자체는 악이 아니다.

대부분의 사람은 무엇이 선이고 무엇이 악인지 자명하다고 생각한다. 승진은 선이라 여기고 악착같이 승진하려고 한다. 반대로 승진에서 밀리거나 정년이 돼 퇴직하는 건 경쟁에 지고 일을 잃는 것, 따라서 악으로 여긴다.

하지만 아우렐리우스는 선인지 악인지에 무관심하면 멋진 삶을 살 수 있다고 설파했다. 그는 '멋진 삶'이라고 말했으나 아우렐리우스에게 큰 영향을 끼친 소크라테스는 '선하게 사는 것'이라고 표현했다. '선하게'란 '행복하게'란 뜻이다.

소크라테스도 아우렐리우스도 인간은 누구나 행복하길 바란다고 생각했다. 이는 그리스철학의 대전제이기도 하다. 불행해지고 싶다는 선택지는 없다. 단, 어떻게 하면 행복해질지 그 수단을 선택할 때는 실수를 할 수도 있다. 가령 성공하면 행복해지리라 믿고 성공을 위해 일하다 행복을 희생할 수도 있다.

혹은 수단을 제대로 사용하는 방법을 몰라 불행해질 수도 있다. 성공도 돈도 그 자체는 선도 악도 아니다. 하지만 크게 성공하거나 거액의 재산을 손에 넣고 나면 다른 사람처럼 변해버리는 사람도 있다.

돈이 있든 없든 높은 지위에 오르든 오르지 않든 행복하게 살기 위해서는 그런 것들에 사로잡히지 않아야 한다. 그렇게 생각할 수 있다면 경쟁에 이겨서 얻은 지위를 잃고 실직하거나 정년에 회사를 그만둬도 불행해지지 않을 것이다.

위험한 판단

아우렐리우스는 선악무기, 즉 선도 악도 아닌 것으로 '삶'을 꼽았다. 소크라테스는 "중요한 건 그냥 사는 게 아니라 선하게 사는 것이다"라고 말했다.

아무 생각 없이 살아서는 선하게 살 수 없다. 무엇이 선하게 사는 건지도 자명하지 않다. 누가 그걸 판단하느냐의 문제도 있다. 여기서 '선하게'가 '행복하게'를 뜻한다면 늙거나 병에 걸린 사람은 행복하지 않고 몸을 움직이지 못하거나 의식이 없는 사람은 살 가치가 없는 걸까?

내가 아무것도 못하게 됐을 때, 누가 나를 살 가치가 없다고 생각하는 일 자체를 막을 순 없을 것이다. 그러나 어떤 사람이나 어떤 국가도 한 인간을 더는 살 가치가 없다고 판단할 권리는 없다. 실제로 그런 판단이 허용된다면 그만큼 위험한 일도 없을 것이다.

자기 자신에 대해서도 마찬가지다. 자신이 살 가치가 없다고 느낀다면 정말 그런지 진지하게 생각해 봤으면 한다. 그 판단은 세상의 가치관에 영향을 받은 것이지 진실이 아니다. 오늘날은 뭔가를 생산하고 성취하는 것이야말로 선하게 사는 거라고 여긴다. 하지만 이건 하나의 견해에 불과하다.

갓 태어난 아이는 아무것도 하지 못하고 살기 위해서는 부모의 끊임없는 지원이 필요하다. 하지만 부모는 아이가 살아 있는 것만으로도 감격스럽다. 어쩌면 이것이 더 진실에 가까울 것이다.

퇴화가 아니라 변화다

아들러는 더 나아지려는 노력을 '우월성의 추구'라고
했다. 즉, 다른 사람과 경쟁함으로써 나아지려고 한다
는 것이다. 내가 우월성의 추구를 문제라고 생각하는
이유는 아들러가 《그 사람이 나를 괴롭히는 진짜 이
유》에서 언급한 다음과 같은 말 때문이다.

● 모든 사람에게 동기를 부여해 문화로 이뤄낸 모든 공
  헌의 원천은 우월성의 추구다. 인간 생활의 전반은
  이 굵은 선 위에서, 즉 아래에서 위로, 음에서 양으로,

패배에서 승리로 진행된다.

그렇다면 더 나아지려는 사람은 현재 '아래', '음', '패배' 상태에 있는 것이 된다. 하지만 예를 들어 우리가 몸을 자유롭게 움직이지 못하게 되면 재활 치료를 받는데 이 재활 치료가 패배 상태에서 승리 상태로 이행하기 위한 것은 아니다.

물론 재활 치료로 몸이 회복되면 패배에서 승리로 이행했다고 생각하는 사람도 있을지 모른다. 그 경우 재활 치료를 해도 회복할 기약이 없다면 패배한 채로 남는다는 뜻일까? 질병은 결코 열등한 상태가 아니다. 노화도 양에서 음으로 퇴화하는 게 아니다.

우월성의 추구라는 말은 '상하', '우열'을 떠올리게 한다. 그래서 훗날 아들러파 연구자인 리디아 지허(Lydia Sicher)는 모두가 같은 평면을 걷는다고 설명했다. 앞으로 걷는 사람이 있는가 하면 뒤로 걷는 사람도 있다. 하지만 모두 같은 평면을 걷고 있어서 앞으로 걷는 사람이 꼭 우월하다고 볼 순 없다는 것이다.

내가 병원에서 재활 치료를 받을 때의 일이다. 긴 복도를 걷다 보면 사람들이 나를 앞질러 갔다. 나는 천천히 걸을 수밖에 없는 상태였는데 굳이 사람들이 '앞질러 갔다'고 표현한 이유는 내가 열등하다고 느꼈기 때문이다.

아들러는 인생이란 목표를 향해 나아가는 움직임이고 산다는 건 진화하는 것이라고 생각했다. 하지만 진화라는 생각에는 문제가 있다. 진화가 아니라 변화다. 늙는 건 변화다. 젊은 날 할 수 있던 일을 지금은 못하게 됐다고 푸념해 봐야 아무 소용이 없다. 그냥 지금할 수 있는 일을 하는 수밖에 없다. 아들러는《왜 신경증에 걸릴까》에서 "무엇이 주어졌는지가 아니라 주어진 것을 어떻게 활용하느냐가 중요하다"라고 했다.

자신은 언제까지나 젊으며 뭐든 할 수 있다고 생각하는 것 또한 문제다. 있는 그대로의 자신을 받아들여야 한다. 못하는 걸 못한다고 인정하는 건 패배 선언이아니다. 이제 전처럼 운전을 못하면 면허증을 반납해야 한다. 이 역시 패배가 아니다.

지금을 산다는 것

핀란드 작곡가 장 시벨리우스(Jean Sibelius)는 세계적인 명성을 얻었음에도 1892년부터 창작 활동을 하지 않은 채 30년의 세월을 보냈다. 99세로 세상을 떠날 때까지 고성능 수신기로 매일 전 세계 방송을 찾아 자신의 곡을 듣는 게 낙이었다고 전해진다.

시벨리우스가 과거의 영광에 매달려 긴 여생을 보냈다는 말은 아니다. '그런 시대도 있었지' 하고 과거를 그리워하며 회고했을지는 몰라도 비참하게 살았다고는 생각하지 않는다. 이 일화를 듣고 나는 그가 존재로서의 행복을 느끼면서, 다시 말해 아무것도 하지 않아도 행복하다고 느끼면서 만년을 보내지 않았나 생각했다.

아우렐리우스도《명상록》에서 이렇게 말했다.

- 설령 3,000년을 살든 3만 년을 살든 기억하라. 어떤 사람도 지금 사는 삶이 아닌 다른 삶은 살 수 없다.

  오래 살든 짧게 살든 마찬가지다. 지금이라는 시간은 모두에게 공평하며 잃어버리는 것 또한 공평하다. 그렇다면 잃어버리는 건 찰나에 일어나는 일인 게 분명하다. 과거와 미래는 잃어버릴 수 없기 때문이다. 갖고 있지도 않은 걸 어떻게 빼앗을 수가 있단 말인가? 갖고 있지 않은 걸 잃어버릴 수는 없다. 과거도 미래도 갖고 있지 않다.

  각자 지금만을 살고 동시에 그것만을 잃어버린다. 따라서 얼마나 오래 살았는가 혹은 오래 살지 못했는가는 문제가 되지 않는다.

  각자가 찰나인 지금만을 산다. 그 외에는 어떤 것도

확실하지 않다.

과거는 이미 다 살아 이제 어디에도 없다. 미래도 아직 오지 않았다. 혹은 존재하지 않는다. 아무도 모른다는 의미에서 모든 미래는 불확실하다.

무슨 일을 하든 생애 마지막인 것처럼 행동하라. 그게 뭐든 당장 이 세상에서 사라질 사람처럼 행하고 말하고 생각하라.

은퇴를 했든 안 했든, 인생의 어느 단계에 있든 지금만을 산다는 생각으로 살 수밖에 없다. 나이가 들고 병이 들면 벚꽃을 볼 수 있는 기회도 올해가 마지막일지 모른다거나 가족 여행도 이번이 끝일지 모른다는 생각이 머리를 스친다. 그럴 때는 한순간 한순간이 모두 소중하다.

과거를 돌아보며 후회하거나 미래를 내다보며 불안해한다면 지금을 산다고 할 수 없다. 지금을 온전히 살 수 있다면 다가올 노화와 죽음도 두렵지 않을 것이다. 그렇게 지금 할 수 있는 일을 찾아 하면서 즐겁게 하루

하루를 살다 보면 문득 정신을 차렸을 때 생각보다 멀리까지 와 있음을 깨달을지 모른다. 요컨대 오래 살 수 있을지도 모른다. 단, 그건 그저 결과에 불과하다는 것이다.

'지금을 산다'를 찰나주의라고 해석하는 사람도 있다. 하지만 지금을 산다는 건 내일 어떻게 될지 모르는 목숨이니 오늘만 즐겁게 살면 된다는 뜻은 아니다. 누구도 타인과 떨어져 혼자 살 수는 없으니 어떤 상황에서도 타인과 내가 연결돼 있음을 잊어서는 안 된다는 말이다.

인간은 일하는 것으로, 혹은 나이 들고 병에 걸려서 일하지 못하는 순간이 와도 살아 있는 것으로 타인에게 공헌할 수 있다. 타인과의 관계에서 고민하고 힘들어하던 사람도 그 관계 속에서 고통 이상의 기쁨과 행복을 느꼈을 터다.

그렇다면 당신도 이 세계에서 타인에게 공헌하면 어떨까? 이 세상에 특별한 뭔가를 남기는 것도 좋겠지만 그렇게 멋진 사람이 되지 않아도 자신이 살았다는

걸 누군가가 언젠가는 기억해 주면 좋겠다, 딱 그 정도
로만 생각하고 비장해하지도 어깨에 힘을 주지도 말고
살아갔으면 한다.

6장

앞으로 어떻게 살 것인가

집안일을 분담하라

마지막으로 인생 2막을 어떻게 살면 좋을지 구체적으로 제안해 볼까 한다.

일선에서 물러난 후에는 살면서 큰 비중을 차지하던 일과 인간관계가 변하고 그에 따라 다른 인간관계까지 변한다. 그럴 때는 뭐든 대대적으로 바꾸려고 하지 않는 편이 현명하다. 가령 요리를 배워보자고 생각하는 것까지는 괜찮다. 그런데 자칫하다가는 일이 걷잡을 수 없이 커질 수가 있다.

나는 어머니를 일찍 여의고 아버지와 단둘이 살았

는데 아버지도 나도 어머니가 돌아가시기 전까지 음식을 만든 적이 없었다. 그래서 처음에는 삼시세끼 외식만 했다. 그러다 보니 점점 외식하러 나가기도 귀찮아지고 조미료 맛에도 질려버렸다.

아버지가 어느 날 "누군가 만들어야 돼"라고 말했다. '누군가'라고 했지만 아버지는 스스로 만들 생각이 전혀 없었다. 나는 학생이고 아버지는 하루 종일 일했으므로 그 누군가는 나였다. 하지만 나는 어디서부터 어떻게 해야 할지 도통 알 수가 없었다. 그래서 서점에 가서 급한 대로 요리책 몇 권을 구입했다.

그중에 《남자의 요리(男の料理)》라는 책이 있었다. 지금 생각해 보면 실생활에 조금도 도움이 되지 않는 책이었다. 레시피를 보면서 열심히 만들고 나면 그걸 이틀간 푹 끓이라는 둥 시간이 남아도는 사람이 아니면 도저히 만들 엄두가 나지 않는 말만 쓰여 있었기 때문이다. 한번은 카레라이스를 만들었는데 밀가루와 양파를 약불에 볶으라고 쓰여 있어서 그대로 타지 않게 재료를 뒤섞으며 만들다 보니 세 시간이나 걸렸다.

작심하고 요리를 배워보는 것도 좋다. 하지만 내가 한 것처럼 매일 공들여 음식을 만들 필요는 없다. 일단은 평범한 음식을 만드는 걸 목표로 세우는 게 현명하다. 처음부터 특별한 요리를 만들려고 하는 건 어린 시절 부모에게 인정받고 싶어 열심히 공부하는 아이 같기도 하다.

평범한 음식을 만든다고 하면 오해하는 사람이 있는데, 집안일을 해본 적이 없는 남성은 요리를 비롯한 집안일에 고도의 전문성이 요구된다는 사실을 모른다. 잔손이 많이 가는 정성 들인 요리도 지식과 기술이 필요하지만 가족이 집에 돌아오고 나서 15분 안에 음식을 내는 것도 쉬운 일은 아니다. 시간과 노력이 드는 요리보다는 집에 돌아온 가족에게 냉장고에 있는 재료로 15분 안에 음식을 뚝딱 내놓을 수 있는 기술이 필요하다.

지금부터라도 요리를 비롯한 집안일을 해야 한다. 분담하는 방식은 간단하다. 할 수 있는 사람이 할 수 있을 때 하면 된다. 아이와 배우자가 학교와 회사에서 돌아왔을 때 "집에 왔으니 집안일 좀 해"라고 말해도 된다. 낮에 밖에서 일했으니 저녁에 음식을 차리는 등의 집안일은 하지 않아도 된다는 건 말이 안 된다.

"집안일은 당신 일이잖아"라고 말했던 사람은 퇴직 후 집에서 살아가기가 힘들지도 모른다. 과거는 과거다. 과거에 그랬다 해도 새로운 인생을 시작하는 수밖에 없다.

현실적으로 생활하라

관계를 맺는 법에 남녀에 따른 큰 차이가 있냐 하면 아닐 것이다. 차이가 있다면 성별이 아니라 '라이프 스타일'의 차이다. 어떤 문제에 어떻게 대처하고 해결할지에 대해서는 어린 시절부터 몸에 밴 익숙한 방법이 있고 그건 어른이 돼서도 거의 변하지 않는다. 해결하려 하지 않고 이런저런 이유를 대며 회피하는 사람이 있는가 하면 직접 나서지 않고 타인을 교묘하게 조종해 해결하려는 사람도 있다. 이렇게 문제에 대처하는 개개인의 방법을 아들러는 라이프 스타일이라고 한다.

어른이 돼서도 어릴 때와 같은 행동을 하는 이유는 몸에 밴 라이프 스타일을 바꿀 용기가 없기 때문이다. 스스로 불편하고 부자유스럽다고 생각하면서도 새로운 라이프 스타일을 익히려고 하면 어떤 일이 일어날지 몰라 불안한 것이다.

여성은 남성보다 땅에 발을 붙이고 살면서 생활에 뿌리내린 사고를 할 수 있는 것처럼 보인다. 일문학자이자 가인인 도키 젠마로(土岐善麿)의 가집《여름풀(夏の草)》에는 다음과 같은 노래가 실려 있다.

● 당신은 이길 거라고 생각했나요? 늙은 아내가 씁쓸한 듯이 말했다.

1945년 8월 15일 그의 집에서 있었던 일이다. 도키는 메이지 시대에서 다이쇼 시대까지 전쟁에 반대하다가 쇼와 시대에 들어 신문인으로서 전쟁에 힘을 싣는 연설을 했다. 그사이 매일 부엌에서 밥을 짓던 아내는 도키와 달리 당시 상황을 제대로 알고 있었다.

철학자 쓰루미 순스케(鶴見俊輔)는 2003년 3월 24일 자 〈아사히신문〉에 실은 글 '죽고 싶지 않은 마음을 근거로'에서 이렇게 말했다.

● 패전 당일 밤 식사할 기력마저 잃은 남자가 많았다. 하지만 저녁상을 차리지 않은 여성이 있었을까? 다른 집과 마찬가지로 여성들은 밥을 지었다. 이 무언의 자세에 평화운동의 뿌리가 있다.

여성은 매일 먹을 식량을 구하기가 점점 힘들다는 현실에 입각해 전쟁의 결말을 분명히 예측할 수 있었던 것이다. 이론은 생활에 뿌리내려야 한다. 땅에 발붙이지 않은 이론은 현실에 전혀 도움이 되지 않는다.

오랜 상담 경험에서 보면 구체적으로 생각할 수 있는 사람과 그러지 못하는 사람이 있다. '구체적'이란 다양한 조건을 추가해 생각한다는 뜻이다. 한편 '추상적'이란 제한된 조건 안에서 생각한다는 뜻이다. 그 조건을 생활에 결부해 생각할 수 있는 사람은 현실적으로 판단할 수 있고 자신에게 어떤 영향도 미치지 않거나 자신과 아무 상관도 없는 문제에 왈가왈부하지 않는다. 반면 땅에 발을 붙이지 않은 사람은 어떤 이론을 접했을 때 그것이 자신의 삶과 어떤 관련이 있는지 생각하지 않는다. 어떤 책 48쪽에 쓰인 글과 102쪽에 쓰인 글이 모순되진 않는지 이론적인 면만 파고드는 게 특기다.

강연을 할 때 보면 자신의 지식을 과시하거나 그것도 모르느냐고 따지듯이 아주 어려운 질문을 하는 사람이 많다. 이런 사람은 강연자와 경쟁 관계에서 권력투쟁에 나서는 것이다. 즉, 강사가 질문에 대답하지 못하게 만들어 그것도 모르는 강사의 가치를 떨어뜨리고 질문한 자신이 더 가치 있다고 주변 사람에게 보이고 싶은 것이다. 하지만 그런 행동은 강연과 아무 관계도 없다.

이처럼 권력투쟁이나 이론에만 관심 있는 사람은 철학을 배워봤자 지식으로 터득할 뿐 생활 방식까지 바꾸려고 하지 않는다. 하지만 철학뿐 아니라 무엇이든 배우면 생활 방식도 다소나마 변하게 돼 있다. 이론을 자기 문제로 생각할 수 있는 사람만이 책을 읽었다, 다른 사람의 생각을 들었다고 말할 수 있다.

인간관계를 맺는 법도 지식을 터득하는 법과 닮았다. 직장에서는 타인과 깊은 관계를 맺지 않아도 일할 수 있다. 하지만 지식을 얻는다는 건 생활 방식 자체가 달라진다는 뜻이다. 자신의 생활 방식과는 동떨어진 이론이어도 지식으로 이해할 수는 있다. 하지만 그런 식으로 지식을 이해해 봤자 별 의미가 없다. 인간관계에서도 마찬가지다. 교우 관계, 나아가 사랑의 관계에서는 표면적 관계가 아니라 더 깊은 관계를 맺지 않으면 안 된다. 그런 관계를 맺는 법을 모르는 사람은 인생 2막이 시작될 때 당황하게 된다.

조금씩이라도 책을 읽어라

노후에 관한 책을 몇 권 읽었는데 독서를 권하는 내용
이 많지 않아 놀랐다. 젊을 때는 입시나 자격증 시험을
위해 책을 읽어야 했다면 나이 들어서는 읽고 싶은 책
을 읽을 수 있다. 반드시 읽어야 하는 책이 있는 것도
아니고 시간에 쫓겨 빨리 읽어야 할 필요도 없다. 어떤
책이든 읽어서 즐거우면 그만이다.

　퇴직 후 시간이 너무 많아 따분할까 봐 걱정할 필요
가 없다. 책이 시간 가는 줄 모르게 해주기 때문이다.
독서를 통해 괴로움을 잊고 유쾌해질 수도 있다. 이것

은 현실 도피가 아니다. 책을 읽는 '지금'도 현실이기 때문이다.

젊은 사람이 "뭐 재밌는 일 없을까?"라고 말하는 걸 들으면 등골이 서늘해진다. 그런 젊은이에게 "책이 있죠" 하고 알려주고 싶은 심정이지만 스스로 재미를 못 느끼면 책을 읽으라고 권할 수 없다.

독서에는 인생을 바꾸는 힘이 있다. 처음엔 시간을 때우기 위해 책을 읽기 시작한 사람이라도 독서가 재밌다는 경험을 조금이라도 하고 나면 매일 시간을 보내는 방법이 달라진다. 젊을 때 책을 잘 읽지 않았거나 읽어도 실용적인 책밖에 읽지 않았다면 먼저 재밌는 소설부터 시작해 고전까지 도전해 보면 어떨까.

나이가 들면 더는 지적 능력이 발달하지 않는다고 말하는 사람도 있는데 그렇지 않다. 한 번 읽고 바로 이해되는 책만 읽다가 그렇지 않은 책을 읽으면 머리가 나빠졌다는 생각이 들 수 있다. 하지만 그런 책은 젊을 때도 쉽게 읽을 수 없었을 것이다.

그래도 시간을 들여 천천히 읽으면 젊은 시절보다

책의 내용을 깊게 이해할 수 있음을 깨닫는다. 머지않아 현실에서 만난 사람보다 책에서 만난 사람이나 저자에게 더 친밀감을 느끼게 될지도 모른다.

나는 외출할 때 꼭 책을 갖고 나간다. 누군가와 만나기로 약속했을 때 그가 늦는다 해도 책을 읽으며 시간을 보낼 수 있다. 만날 약속을 한 사람보다 책에서 만난 사람이 더 재밌을 때가 많아 약속이 있었다는 사실조차 잊고 몰입할 정도다.

앞에서 고독에 대해서도 살펴봤는데 독서의 즐거움을 아는 사람은 혼자 사는 걸 조금도 두려워하지 않는다. 언제나 곁에 책이 있기 때문이다.

뭐든 배워라

2013년 일본에서 출간한《미움받을 용기》가 한국에서 출간돼 한국으로 강연을 갈 기회가 늘었다. 그 자리에서 한국어로 인사만 하는 게 아니라 좀 더 길게 얘기해 보고 싶어 한국인 선생님에게 기초 문법을 배우고 그후 책을 읽기 시작했다. 젊은 시절부터 서양의 언어를 배운 덕에 초보적인 실수는 하지 않으나 한국어를 배울 때는 실수보다 실수할까 봐 두려운 마음이 문제였다. 아들러는 '불완전한 용기'라는 말을 썼는데 뭔가를 배우려면 그 용기를 내야 한다.

예전에 나라여자대학교에서 그리스어를 가르칠 때였다. 한 학생에게 그리스어를 일본어로 해석해 보라고 했는데 대답을 않고 꾸물댔다. 왜 대답을 못하느냐고 물었더니 틀려서 모자란 학생으로 보이고 싶지 않다고 했다. 하지만 학생이 뭘 모르는지 알지 못하면 가르칠 수 없다, 틀려도 모자란 학생이라고는 결코 생각하지 않을 거다, 그렇게 강조했더니 그제야 다음 시간부터 편하게 대답하기 시작했다. 그 이후로 실력도 부쩍 늘었다. 한국어를 배우기 시작한 나도 이 학생과 별반 다르지 않았다.

젊은 시절에는 잘못을 해도 주위 사람들의 도움으로 바로잡을 기회가 많지만 나이가 들면 잘못을 지적해 주는 사람이 별로 없다. 새로운 뭔가를 배우면서 젊은 사람에게 바로잡을 기회를 얻는 건 자만하지 않기 위해 중요하다고 생각한다.

외국어를 배울 때도 일에 써먹으려 하기보다 그저 한 글자라도 원어로 읽는 기쁨을 경험해 보면 외국어 공부가 부담스럽지 않고 즐겁게 느껴질 것이다. 독서와 마찬가지로 언어도 배우다 보면 시간 가는 줄 몰라 지루함과는 무관한 하루하루를 보낼 수 있다. 시간이 있다는 데 감사함도 느끼게 된다.

아무것도 하지 않고 나이를 먹어놓고는 기억력이 떨어졌다며 한탄하는 사람이 많다. 하지만 학창 시절처럼 작심하고 배우면 대개는 상당한 수준까지 오를 수 있다. 기억력 쇠퇴를 공부하지 않는 이유로 드는 이유는 좋은 결과를 내지 못할까 봐 두렵기 때문이다. 있는 그대로의 자신을 받아들이고 거기서 시작하면 된다. 정말로 기억력이 떨어졌다 해도 젊은 시절과는 다르게 책을 읽을 수 있다. 고전의 한 구절만 읽어도 젊은 시절과는 이해의 깊이가 다르다.

나이 지긋한 학생들에게 그리스어를 가르칠 당시 나는 나보다 훨씬 연장자인 학생들에게 배우는 게 많았다. 알파벳부터 배우기 시작한 학생들은 어느덧 플라톤의 《소크라테스의 변명》을 읽을 수 있게 됐다. 플라톤이 이 작품을 초보자용으로 썼을 리도 만무하지만 초보자가 아니어도 간단히 읽을 수 있는 책은 아니었다. 그때 나는 학생들에게 텍스트를 깊이 있게 읽는 법을 배웠다.

나이가 든다고 다 현명해지는 건 아니다. 하지만 젊은 사람들과 함께 배울 기회가 있다면 뭔가 공헌할 수 있으면 좋다고 생각한다.

젊은 시절엔 새로운 걸 배울 때 인생에 도움이 될지를 먼저 생각하거나 배우지 않으면 안 된다는 의무감에 배웠는지도 모른다. 하지만 이제는 도움이 되는지 아닌지를 따지거나 의무감으로 학습하는 데서 벗어나 배우고 싶은 걸 배우면 된다. 그것이 앞서 말한 아무것도 하지 않는 일을 시작한다는 의미다.

비평을 받으려고 자신에게 시를 보낸 프란츠 크사버 카푸스(Franz Xaver Kappus)에게 릴케는 조언했다. 앞으로는 남의 평가를 바라지 말고 '쓰지 않으면 견딜 수 없는' 상태에서 시를 쓰라고 말이다.

배움도 마찬가지다. 알지 않으면 견딜 수 없어서 배우는 사람은 결코 삶이 지루하지 않다.

공헌감을 느낄 수 있는 일을 하라

아버지가 컴퓨터 조작 방법을 가르쳐 달라고 한 적이 있다. 지금은 사용하기 편리한 컴퓨터와 태블릿이 있지만 당시에는 컴퓨터 배우기가 쉽지 않았다. 하지만 새로운 것에 도전하는 아버지에게 힘이 됐으면 하는 마음에서 기꺼이 가르쳐 드렸다.

'인간은 가르치는 동안에 배운다(Homines dum docent discunt)'라는 라틴어가 있다. 가르침으로써 배울 수 있다는 것이다. 만약 누가 나도 모르는 것에 관해 물어보면 조사를 해 뒀다가 다음 기회에 가르쳐 줄 수 있다. 어쨌든 다른 사람을 가르치려면 자신도 잘 알지 않으면 안 된다.

또 다른 사람을 가르치면서 공헌감을 느낄 수 있다. 컴퓨터 조작법을 배우러 온 아버지는 내가 공헌감을 느낄 수 있게 공헌했다고 할 수 있다. 그러니 망설이지 말고 젊은 사람에게 이것저것 배우는 것도 좋다.

단, 배우는 걸 당연하게 생각해서는 안 된다. 하물며 잘못 가르친다고 화를 내면 두 번 다시 배울 기회를 얻지 못할 것이다. 부모는 아이를 가르칠 수 있는 기회가 적지 않다. 다만 잔소리가 되거나 자랑을 늘어놓지 않도록 주의해야 한다. 아이가 먼저 의견을 구하지 않는한 아무 말도 하지 말고 말을 해야 할 때도 어디까지나의견의 하나로만 말해야 한다. "네게 힘이 되고 싶어. 필요하면 말해줘"라고 평소에 말해두되 아이가 특별히 요구하지 않으면 아무 말도 하지 않는 걸 원칙으로하면 된다.

상담을 청해온다고 해서 모든 해결책을 제시할 수있는 건 아니지만 함께 생각하는 태도를 보여주는 것만으로 충분하다. 자신이 같은 상황에서 경험했던 일화를 들려줄 수도 있다. 해결책을 제시한다 한들 결국 결정 하는 건 아이다. 그러니 자신의 의견을 받아들이지 않 았다고 해서 뭐 하러 물어봤느냐고 화낼 필요는 없다.

아버지에 대해 쓰다가 생각난 건데, 아버지는 어쩌 면 컴퓨터 조작을 배운다는 구실로 나를 보러 온 건지 도 모른다. 자식을 보러 오는데도 뭔가 이유가 있어야 한다고 생각하는 건 생산성과 효율성에 가치를 두는 풍조에 영향을 받았기 때문이리라.

가족이 보고 싶다면 그냥 보고 싶어서 왔다고 하면 된다. 특별한 이유가 필요 없다. 병으로 쓰러져서 입원 했는데 심심해서 놀러 왔다고 말하는 사람과는 친구가 되고 싶지 않을 것이다. 반면 걱정돼서 부랴부랴 찾아 온 사람과는 친구가 되고 싶을 것이다.

자녀와 손주가 보고 싶어서, 자녀 입장에서는 부모 가 보고 싶어서, 단지 그 이유로 보러 가도 된다. 만약 싫은 내색을 하면(그럴 일은 없다고 생각하지만) 바로 돌 아오면 그만이다.

오늘은 오늘을 위해서만 살라

인생 2막을 생각한다는 건 결국 삶을 생각한다는 것이
다. 분명 은퇴 후에는 이런저런 골치 아픈 문제가 생긴
다. 하지만 그건 인생의 다른 단계에서도 마찬가지다.
다만 젊은 시절에는 남은 삶이 아직 많다고 생각하는
데 반해 은퇴 후에는 앞날에 한계가 있다는 데 생각이
미치니 더 조급해질 수밖에 없다.

하지만 젊은 시절이든 인생 2막이든 지금 이 순간밖
에는 살지 못한다. 어쨌든 아침에 눈을 뜨면 오늘이라
는 날을 위해 산다. 할 수 있는 건 그것뿐이다.

또 하나, 인간의 가치는 생산성이 아니라 산다는 데
있다. 지금 한 살배기 손주를 보고 있노라면 어쨌든 살
아 있다는 데 감사함을 느낀다. 지금 살아 있다는 건
감사한 일이다. 과거를 돌아보며 후회하거나 앞날을
생각하며 불안해할 이유가 없다.

후회하지도, 불안해하지도 말고 오늘이라는 날을 한
발 한 발 신중하게 내디디며 살아가자. 이것이 지금 우
리가 할 수 있는 일의 전부다.

Adler, Alfred, Adler Speaks: The Lectures of Alfred Adler, Stone, Mark and Drescher, Karen eds., iUniverse, Inc., 2004

Burnet, John. ed., Platonis Opera, 5 vols., Oxford University Press, 1899~1906

Ross, W. D(rec.) Aristotle's Metaphysics, Oxford University Press, 1948

기시미 이치로, 《나를 위해 일한다는 것 일의 무게를 덜어 주는 아들러의 조언》(전경아 옮김, 을유문화사, 2017)

기시미 이치로, 《시리즈 세계의 사상 플라톤 소크라테스의 변명(シリーズ世界の思想 プラトン ソクラテスの弁明)》[카도카와 (KADOKAWA), 2018]

기시미 이치로, 《책을 어떻게 읽을 것인가(本をどう読むか)》[포플러사 (ポプラ社), 2019]

기시미 이치로, 《NHK 100분 de 명저 마르쿠스 아우렐리우스의 〈명상록〉 (NHK 100分 de 名著 マルクス・アウレリウス『自省録』)》, 2019

기시미 이치로, 《미움받을 용기》(전경아 옮김, 인플루엔셜, 2014)

기시미 이치로, 《미움받을 용기 2》(전경아 옮김, 인플루엔셜, 2016)

다다 도미오, 《과묵한 거인(寡黙なる巨人)》[슈이에이샤(集英社), 2007]

라이너 마리아 릴케(Rainer Maria Rilke),《젊은 시인에게 보내는 편지》
　　(이경석 옮김, 홍신문화사, 2003)

모리 아리마사(森有正),《어떻게 살 것인가(いかに生きるか)》[고단샤(講
　　談社), 1976]

미키 기요시,《인생론 노트》(이동주 옮김, 기파랑, 2011)

소포클레스(Sophocles),《소포클레스 비극 전집》중 〈오이디푸스 왕〉
　　(천병희 옮김, 숲, 2008)

쓰지 구니오(辻邦生),《장미의 침묵: 릴케론의 시도(薔薇の沈黙―リルケ
　　論の試み)》[지쿠마쇼보(筑摩書房), 2000]

알프레드 아들러,《그 사람이 나를 괴롭히는 진짜 이유: 전문가가 읽어주
　　는 아들러 실전심리학》(김춘경 해설, 장병걸 옮김, 리베르, 2015)

알프레드 아들러,《삶의 과학: 개인 심리학으로 풀어내는 삶의 기술》(정
　　명진 옮김, 부글북스, 2014)

알프레드 아들러,《왜 신경증에 걸릴까: 내면의 악천후에 관한 아들러 심
　　리치료 강의》(박우정 옮김, 글항아리, 2015)

오카 기요시,《수학자의 공부: 완벽한 몰입을 통해 학문과 인생의 기쁨
　　발견하기》(정회성 옮김, 사람과나무사이, 2018)

헤로도토스(Herodotos),《역사》(천병희 옮김, 숲, 2009)

미움받을 용기, 기시미 이치로의 정년 철학론

아직 긴 인생이 남았습니다

제1판 1쇄 발행 | 2022년 8월 1일
제1판 3쇄 발행 | 2022년 9월 9일

지은이 | 기시미 이치로
옮긴이 | 전경아
펴낸이 | 오형규
펴낸곳 | 한국경제신문 한경BP
책임편집 | 최경민
교정교열 | 강설빔
저작권 | 백상아
홍보 | 이여진 · 박도현 · 하승예
마케팅 | 김규형 · 정우연
디자인 | 지소영
본문디자인 | 디자인 현

주소 | 서울특별시 중구 청파로 463
기획출판팀 | 02-3604-590, 584
영업마케팅팀 | 02-3604-595, 583   FAX | 02-3604-599
H | http://bp.hankyung.com   E | bp@hankyung.com
F | www.facebook.com/hankyungbp
등록 | 제 2-315(1967. 5. 15)

ISBN 978-89-475-4836-6   03180